北京大学区域国别研究丛书

目标、路径与方法

钱乘旦论区域国别研究与区域国别学

Professor Qian's Tracts on Area Studies

钱乘旦 著

图书在版编目（CIP）数据

目标、路径与方法：钱乘旦论区域国别研究与区域国别学 / 钱乘旦著 . -- 北京：北京大学出版社，2025.5. -- ISBN 978-7-301-35887-0

Ⅰ. D81

中国国家版本馆 CIP 数据核字第 2025US0862 号

书　　　名	目标、路径与方法：钱乘旦论区域国别研究与区域国别学 MUBIAO、LUJING YU FANGFA: QIAN CHENGDAN LUN QUYU GUOBIE YANJIU YU QUYU GUOBIEXUE
著作责任者	钱乘旦　著
责 任 编 辑	李学宜
特 邀 编 辑	张安琪
标 准 书 号	ISBN 978-7-301-35887-0
出 版 发 行	北京大学出版社
地　　　址	北京市海淀区成府路 205 号　100871
网　　　址	http://www.pup.cn　新浪微博 @ 北京大学出版社
电 子 邮 箱	编辑部 wsz@pup.cn　总编室 zpup@pup.cn
电　　　话	邮购部 010-62752015　发行部 010-62750672 编辑部 010-62752025
印 刷 者	三河市北燕印装有限公司
经 销 者	新华书店
	880 毫米 ×1230 毫米　16 开本　18 印张　236 千字 2025 年 5 月第 1 版　2025 年 5 月第 1 次印刷
定　　　价	78.00 元

未经许可，不得以任何方式复制或抄袭本书之部分或全部内容。
版权所有，侵权必究
举报电话：010-62752024　电子邮箱：fd@pup.cn
图书如有印装质量问题，请与出版部联系，电话：010-62756370

目 录

引　子　破茧 1

第一部分　**萌生时代** 7
　　北京大学区域与国别研究院建院致词 / 9
　　"北京大学区域国别研究丛书"总序 / 12
　　建设中国风格的区域国别研究 / 14
　　文科为什么要交叉 / 20
　　以学科建设为纲推进我国的区域国别研究 / 37
　　区域国别研究是交叉学科建设的一个抓手 / 45

第二部分　**孕育时代** 51
　　关于区域国别研究的几个问题 / 54
　　区域国别研究的学科建设 / 60
　　关于区域国别研究人才培养的若干思考 / 78
　　中国特色区域国别研究人才培养之道——北大的思考与实践 / 85
　　浅谈区域国别研究中的国际发展合作 / 91
　　区域国别研究视野下的"欧洲研究" / 97

第三部分　落地时代 115

　　论作为学科的区域国别学 / 117

　　区域国别学学科建设任重而道远 / 122

　　区域国别学亟待解决的几个问题 / 128

　　到现场做研究 / 134

　　中国区域国别学理论创新之路 / 139

　　知形、知心、知行——关于目标 / 142

　　实用、实践、实证——关于方法 / 151

　　区域国别学的教材编纂问题 / 157

第四部分　成长时代 163

　　区域国别学学科建设的当务之急 / 165

　　新局面的新思考 / 170

　　区域国别学的性质、目标与路径 / 178

　　区域国别学与世界史研究 / 188

　　外国语言与区域国别学 / 194

　　区域国别学与教育学的对接 / 201

　　推动区域国别学与国家安全学协同发展 / 205

　　中国区域国别学的演进与前瞻 / 207

结　语 222

附 录 **223**

附录 1　在交叉学科门类下设置"区域国别学"一级学科的工作

　　　　小组意见 / 225

附录 2　新增"区域国别学"一级学科论证报告 / 227

附录 3　新增博士硕士学位授权审核申请基本条件 / 242

附录 4　分享北大方案 / 250

附录 5　北京大学区域与国别研究院四年工作总结 / 258

附录 6　以"破茧"之力打开区域国别与涉外法治研究新空间 / 276

后 记 **283**

引子：破茧

区域国别学成为一级学科，根本原因是国家的需要，没有国家的需要，不可能让这样一个公众很不熟悉的领域，一举成为一级学科。

但触发的事端还是存在的，没有触发因素，新学科也不会出现。

事情的起点在2018年。那年4月，北京大学成立了区域与国别研究院，指定我任院长。当时，谁也没想到由此就引发出一个新学科，并在学术界掀起一股热潮，霎时间众目睽睽。

北大早就想推动区域国别研究，这是北大校领导的学术远见，他们看到中国需要发展这个领域，世界的变化逼迫中国去了解世界。但北大做事总是很谨慎，为要不要建立一个专门机构来做这件事，职能部门讨论了很久，长期未有定议。从各方面条件看，似乎应该大力推动这个领域的发展，因为国家的需要是明显的，很多信号已经出现，比如若干年前教育部已开始设立区域和国别研究培育基地及备案中心，总数达几百个；许多学校已设立专门机构甚至自设学科，有些学校甚至已经招生。就北大而言，它在外向研究方面有很好的学术力量，有长期的学术积累。不过北大做事的风格就是稳重，直到2018年学校领导才下决心建立一个新机构，依托全校的力量推动区域国别研究。

区域与国别研究院成立时，校领导下达四项任务：(1) 人才培养，(2) 学术研究，(3) 智库工作，(4) 配合国际合作部开展对外交流。

后来又加上第五项任务，即与校内几十个研究外国问题的非实体中心建立联系，给予学术增援。五项任务中，其他几项都相对容易，比如开展学术活动，我在任四年多时间里共举办大大小小各种形式的学术活动近两百场，包括疫情期间的线上活动；出版各类书籍比如专著、期刊、论文集等十多部。北大设了一个区域与国别研究学术基金，几年中向校内学者发放了好几百万元立项经费。在智库工作方面，研究院组织撰写了上百篇资政报告，深受各方重视。唯独第一项任务难度最大，投入的精力和时间最多。因为，所谓人才培养，意味着招生、开课、指导论文、进行答辩、完成毕业、授学位，也就是走完所有的研究生培养教学流程，而且是一年一年逐年跟进的。区域国别研究领域的研究生培养是一项新的工作，没有先例，没有现成的模式和流程，没有人知道应该怎么做，一切从头开始，这是最难的。

除了其他困难，比如制定培养计划、设计课程方案、在全校范围内寻找导师、确定学生的报考资格之外，（因为这个领域是一个跨学科的领域，考生会来自不同的学科，所以什么样的资格可以报考呢？）我们很快就意识到：最大的困难是没有学科——因为没有学科，考生就没有报考的入口，这意味着无法招生；即使通过某种运作把学生招进来了，随后克服种种困难完成对他们的培养流程，临近毕业却会碰到更严重的问题，即毕业论文放在哪一个学科答辩？即使答辩了，他们的毕业证书上写哪一个学科的毕业生？进而在哪一个学科拿学位？换句话说，因为这个领域没有学科属性，所以是"无户籍"人口。

为了让一般读者能够理解这个问题，此处需要对"学科制"做一番解释。

中国实行的是学科制，意思是：高等教育的学生培养都以学科为依托，招生是按学科招的，毕业是按学科办的，课程是按学科设计的，答辩是按学科组织的；任何学校必须获得某一专业的学科培养点，才能培养这个专业的学生，否则就无资格招生，更谈不上招生以后的所有培养流程了。也就是说：没有学科点就没有学生。

学科是教育部认定的，有一份《研究生教育学科专业目录》，自1978年全国范围内招收研究生以来，每隔十年左右就会重新颁布一次，会做一些修改，申请办法和审批程序也会做一些调整。不过基本原则是不变的，就是学生培养依托学科，没有学科就不能培养学生。

区域国别研究人才培养的问题就出来了，因为在《研究生教育学科专业目录》上没有这个学科，从理论上说，不能培养学生。但是，不培养学生怎能推进区域国别研究呢？国家明摆着需要加强区域国别研究，而国内面临的最大问题是人才短缺，但人才是培养出来的！

所以，建学科是培养学生的第一要务。

2019年我们招进第一批学生，学科属性问题立刻就出来了。学生们非常敏感，他们追问毕业论文在哪个学科答辩，答辩后在哪个学科拿学位？这些学生有强烈的使命感，他们愿意做区域国别研究，明白这个领域对国家多么重要；也知道自己是第一批试验品，愿意做第一代"吃螃蟹的人"。他们来自不同的学科背景，真正体现了区域国别研究的"跨学科"特征。但正是这种跨学科的属性让他们明白前行的最大障碍是"没有学科"，他们需要明确自己的学科属性。

我们当然明白这个问题的严重性，它关系到区域国别研究人才培养工作能否成功。事实上，我们正在做一项开创性的工作，至少在中国国内"前无古人"。为此，我们必须在第一批学生答辩前解决这个问题，解决问题的时间并不很多。所以我们在第一年就把问题提交给学校，提交给研究生院，即主管研究生培养的职能部门。从学校到研究生院都很重视这个问题，他们明白问题的严重性。北大对解决问题有一些优势,第一它有理科的经验,理科很早就开始学科间的交叉,不同学科背景的学生做交叉课题研究,学科属性的问题很快就出来了,毕业时其论文不知由哪个学科的答辩委员会审查。经过几年的摸索甚至碰壁,北大找到了解决方案:设一个"交叉学科",专门审查交叉研究课题的答辩申请。第二个优势是北大有博士学位点自设权,那意思是:北大可以自己设《研究生教育学科专业目录》上没有的博士学科点,前提是经过充分论证、由全国范围内的相关专家做出鉴定,然后由教育部审定批准。有博士点自设权的学校不是很多,北大是其中之一。出于对这两项优势的了解,我们向学校提出:通过自设的渠道,为区域国别研究设一个博士点。我们认为这是解决问题的最简单办法,也是从根本上解决问题的办法。

学校接受了这个方案,自设程序用了很长时间。有一次我去研究生院商议此事,当时学位办的负责人突然提出:可不可以争取一下,在《研究生教育学科专业目录》下一次修订的时候,在全国范围内把"区域国别学"设为一级学科?前面已经说过:中国实行的是学科制,所有研究生培养工作都必须依托学科,有了学科就可以招生,就可以培养学生;没有学科就什么也谈不上,完全不能培养学生。我们的方案只是利用北大的学位自设权在北大范围内设一个区域国别学一级学科,如果做成了,就可以在北大招收区域国别学研究生;没想到学位办负责人居然提出在全国范围内设"区域国别学",要求我们试一试!

我当时惊讶不已,心跳如打鼓,因为我知道这事有多难。在《研究生教育学科专业目录》中新设一个一级学科是非常困难的事,这是高校教师谁都知道的情况。十年前我们把"世界史"二级学科从"历史学"中分离出来,成为独立的一级学科,几乎调动了全国各高校世界史方面的力量,经历了极其困难的努力。而"区域国别学"若成为一级学科，完全是从无到有，把一个对全社会绝大多数人来说非常陌生的领域，一举升格为一级学科，那几乎是不可能的！

不过我们还是答应试试；在那个场合，不接受也不可能！很快，北京大学以学校的名义正式向教育部打报告，建议将"区域国别学"设为一级学科，以推动和加强中国的区域国别研究。以此为起点，一场为时两年多、惊动半个学术界的"区域国别学"定位战拉开了序幕。最终的结果是大家知道的，在国务院学位委员会和教育部颁发的2022年版《研究生教育学科专业目录》中，"区域国别学"列位于第14门类（交叉学科），成为独立的一级学科。"交叉学科"本身就是一个新的门类，它的出现体现着中国教育、科研指导思想的重大变化，即在新时代适应科学研究、学术研究走学科交叉之路的新要求。

此处无意把整个过程细述回溯，也无须将其中的无数曲折、变故、激烈争辩一一道来。此处只想指出，区域国别学成为一级学科，是全社会共同努力的结果，根本原因是中国走到今天，了解和认识世界已是必须。"区域国别学"是大国之学、强国之需，作为正在成长壮大的当代中国，必须以这门学问为窗口，观察世界，判断世事，确定自己的立场。正因为如此，上至国家领导和政府部门，下至教师学者甚至学生，都关心这个学科能否出现，并从多方出力。应中国古话所说，"天时、地利、人和"在这个点上交汇融合，"区域国别学"应中国发展之大运而生。

本书辑录我在这个过程中对区域国别研究和区域国别学所做的论述。整个过程很曲折，当时无人知道结果会怎样。作为新鲜事物，人们对它不了解，因此出现种种议论，不乏质疑与反对之声。为使更多的人了解它，推动人们接受它，必须作细致解释，对诸如区域国别学是什么、目标和任务是什么、如何建设、如何发展、培养什么样的人、如何培养,区域国别学与其他学科的关系、学术研究与教学之间的关系、为什么需要区域国别学等等问题,作详尽的说明,有些时候需要论战。书中各篇文章和演说都有很强的针对性,都针对在学科形成的不同阶段所面对的问题。如读者所见,本书的呈现方式是一篇篇短文和一次次演讲,所论及的,都是关于区域国别学的理论与方法。将这些短文和演讲综合成书,可形成比较完整的学科思想。

人们经常强调理论与方法的重要性,不过不能把这个问题绝对化。区域国别学是一个应用学科,它强调的是实践,强调应用性;它主张"在战争中学战争,在游泳中学游泳"。理论与实践孰先孰后?当然是实践在先、理论在后,理论是实践的总结与概括。起初许多人反对设置区域国别学一级学科,理由是它还没有形成理论体系,所以不成熟。这个逻辑显然有问题:不下水游泳,哪来的游泳理论?在中国,区域国别研究是一个短板,它需要在实践中总结为成体系的理论。

本书编排大体按时间顺序,每一个时间段都面对当时的具体问题,都经历过许多辩论。通过本书,读者可以看到区域国别学从无到有的生长过程,以及在过程中遇到的种种问题。

第一部分
萌生时代

背景说明

"萌生时代"需要解决的问题，是让更多的人了解"区域国别研究"。中国人对这个概念十分陌生，多数人不知道这是什么，更不知道它的重要性。北京大学创建区域与国别研究院之后，要向国人说明它的意义，以及为什么需要做区域国别研究。以下6篇文章就是在这个时期形成的，其集中的主题，就是宣讲区域国别研究。6篇中有几篇很短，却已经把"区域国别研究"是什么、为什么需要、应该做什么以及怎样做这些基本问题提出来了。读者可以知道：区域国别研究是一个跨学科的领域，其任务是对世界上各国、各地区进行多角度、全方位的了解和研究，帮助国人认识世界，从而更好地融入世界。区域国别研究的目标，是为国家需要服务、为各项外向工作服务。作为知识探索，它是一个交叉领域，只有在多学科的共同努力下才能完成。虽然这批文章都是以区域国别研究为中心的，但文章同时指出：中国的区域国别研究尚处在起步阶段，它最大的困难是人才短缺。因此，要想推动它的发展，就必须从人才培养做起。这样，从发展区域国别研究出发，就必然导向学科的设置问题。

北京大学区域与国别研究院建院致词 *

北京大学区域与国别研究院成立于2018年4月12日，坐落在美丽而宁静的燕园，这是一个国际化的学术平台，也是一个国际化的思想空间。这个年轻的学术机构，承负着巨大的期待、追求斑斓的理想，它将努力把北大丰富的对外研究资源放在同一个平台上，让它们相互交融，创造出1+1>2的神奇效果。北大有丰硕的学术资源和深厚的治学传统，有强大的师资力量和广泛的国际交流，一旦把这些要素整合起来，就可以焕发出巨大的潜能。

区域国别研究就是沟通这些因素的一个领域，它是一个跨学科的领域，它的研究对象是世界各国、各地区的地理、文化、经济、政治、社会、民俗、组织、制度、宗教、族群以及其他种种现象；人类社会的各种问题、人类活动的行为方式、人的思想和智识、人的生产和生活，都属于它的观察范围。研究院的任务是把原本分开的各学科知识领域打通，形成对一个个国家、一个个地区的立体化、交叉性、多方位的理解——显然，这是一个充满魅力的学术领域，也是一块迎接奋斗的待开发地，它期待着每一个有志于此的学生进入，也欢迎每一位学已有成的学者加盟。

北京大学区域与国别研究院以学术为本，它举办一系列学术活

---

* 本文是在北京大学区域与国别研究院成立时写的"院长寄语"，作于2018年4月。

动,包括"天下论坛""博雅工作坊""新芽沙龙"等等,国内外的著名学者将出现在这些舞台上,青年学子、学生和一切感兴趣的听众也可在此找到自己的一席之地。研究院定期出版期刊,也出版系列专题著作。通过研究和出版,通过这些学术活动,研究院凝聚各方学术力量,努力开辟新的学术园地,推进我国的区域国别研究达到一个新的高度。

人才培养是研究院的工作重点,它从本科生或硕士研究生中物色有志于区域国别研究的青年学子,培养他们成长为既有宽阔的多学科基础知识又有精深的专业学科研究能力的新型人才;学成后既能从事学术研究,又能胜任各种类型的实际工作,可以在涉外部门发挥自己的才干,或者在应对复杂的国际问题、制定国家政策的智库工作中彰显自己的才能。研究院不培养硕士生,只培养博士生,本科生可通过直博的方式接受博士学业培养,硕士学位获得者则可通过博士入学考试进入博士学习阶段。由于区域国别研究是一个跨学科的学习领域,它欢迎不同学科背景的本科生、硕士生进入这个领域,从而使这个领域体现出与所有单学科领域都不同的神奇色彩。研究院也为博士后提供深造的机会,已取得博士学位的人,可以在这个平台上做更深入、更有影响力和创造力的学术研究,耕耘更深的土地。

研究院的师资分布在北大各院系和各学科,因此,这是一个名师荟萃的地方;名师们也来自全国各地,只要有需要,研究院就聘请他们作为导师,为学生点拨答疑。研究院与世界各国的名校、名师建立合作伙伴关系,它要求学生们到世界著名学校,以及所研究对象国去生活和学习,亲身体验他们研究的这些国家和人民的生活与工作,了解他们的文化与社会,为此,研究院将为所有学生提供条件。研究院欢迎台港澳学生加盟我们,使我们的学习团队更加多姿多彩;研究院也吸收外国留学生,它致力于建立一个文化多元的国际大家庭。

总之,研究院为学生们创造和谐、自由、向上、奋斗的学术环境,为每一个在研究院求学的人铺垫人生之路的美好起点。

所以,欢迎你们——来自四面八方的年轻人!

"北京大学区域国别研究丛书"总序 *

"北京大学区域国别研究丛书"是北京大学区域与国别研究院主持出版的一套丛书，旨在推动我国的区域国别研究，向读者推介这个领域中高水平的学术成果，为有志于这个领域的学者尤其是北大学者提供方便的传播渠道，并且为社会各界开辟一个区域国别研究领域的集中阅读园地。

对区域与国别进行研究，已经是当下中国一项刻不容缓的学术任务，需要学者们尽心投入，需要政府的大力扶持，更需要全社会的关注与倡导。中国在走向世界的道路上正在迈步，但障碍之一就是不了解世界，对外国的情况似懂非懂，对有些地区和国家甚至一无所知。中国要发挥世界性作用，或者解决因走进世界而面临的新问题，不了解世界是做不到的；而所谓了解，不是最低限度的常识之类或毛皮琐事，而是在学术基础上的研究和领悟，是了如指掌的沁透心脾，是根枝叶茎的全盘掌握。一个人举手投足，他脑子里想什么都会不自觉地表露出来；我们对世界的了解就需要有这样的深度——从任何人的行为表象看到其思想的根、文化的根、社会的根，由此而看懂他的目标所在——这个深度，就要靠区域国别研究来提供。

区域国别研究是什么？我多次说过：它是一个领域，包括众多学

---

* 本文是为"北京大学区域国别研究丛书"作的总序，写于2019年12月。

科；它是一个跨学科的领域，只有进行跨学科的研究，才能真正和全面了解世界的地区和国家。对区域国别研究的要求因此会非常高，只有多学科高水平的专家们协同合作，才有可能做一个真正的"区域国别研究"。现有《研究生教育学科专业目录》下的任何一个学科都无法单独支撑这个领域，只有共同努力，才能达成目标。出于这种认识，我们这套书就要尽可能囊括多个学科的研究成果，学科涉及面越大，丛书的价值就越高。多学科研究只有一个公分母，那就是从不同角度、不同维度对某个国家或地区的相关问题进行观察和研讨，最终拿出高质量的成果。经过多年努力，我希望这套书成为一个百花园；读者在这个园里看到的不仅是文科之花，也有理科、工科的花，医科、农科、艺术之花……所以，我们欢迎各科学者都到这个园里来栽花，让它成为名副其实的百花园。

中国的区域国别研究刚起步，它最需要的是人才，而我们最缺乏的恰恰是人才。所以，这套书也是一个培养人的园地，我们愿意看到更多的年轻学者加入到作者行列中来，通过出书和写书，一方面培养自己，同时也推动区域国别研究的队伍建设。从事区域国别研究需要有一些基本要求，比如语言要求（研究对象国的语言能力）、经历要求（在对象国有较长期的生活经历）、专业要求（有特定的专业学术素养）等等。这些要求是青年学者必须具备的，也是我们评判入选丛书的学术标准。

本丛书的出版得到北京大学校方的全面支持，没有这些支持，也就没有这套书。本丛书也得到各位作者的通力配合，没有他们配合，我们做不出这套书。本丛书在出版社的大力支持下得以出版，在此向出版社表达敬意。丛书的问世只是开始，丛书的目标在未来：丛书将一年一年地往前推进，每一年都推出新的好书。

建设中国风格的区域国别研究*

区域国别研究在中国大地蓬勃兴起,起因于当今中国需要这个领域。当今的中国正在走向世界,但走向世界必须了解世界。由于各种原因,中国对世界的了解却非常不足,这不仅阻碍了中国自身的发展,也阻碍中国对世界的承诺,即中国要为世界的共同发展作出贡献。

区域国别研究是了解世界的一个窗口,它通过学术的钻研,强烈体现现实的需要;区域国别研究的出现,从一开始就服从于时代的需求。

所谓区域国别研究,就是对其他国家、域外地区做研究。早期欧洲列强占领殖民地,统治这些地方,它们需要了解这些殖民地,于是就有人专门关注这些地方,研究各种问题。最早的"区域国别研究"就是在这个背景下出现的,所谓的"东方学""埃及学"之类,就是其结果。早期研究的成果以英国、法国最显著,原因就在于这两个国家曾经占有最广大的殖民帝国。虽然在那个时代,并没有"区域国别研究"(Area Studies)这个概念,但研究领域的特征却已经开始显现了,其中一个重要特征,就是跨学科性:它不属于某一个特定的学科,而是多个学科共同的努力,比如民族学、人类学、宗教学、语言学、博

---

* 本文是为北京大学《区域国别研究学刊》写的发刊词,原载《区域国别研究学刊》第1辑,商务印书馆,2019年12月。

物学等等，都可以在这个领域中施展其研究才能，并且得到充分的成长。西方对世界的整体性研究，就是在这个背景下出现的。

第二次世界大战结束后，面对着风起云涌的民族解放运动，以及美国称霸世界的需要，区域国别研究作为一个研究领域正式在美国登场，并很快传布于西方学术界。其时代背景非常清楚，就是西方国家需要了解那些地区，了解新独立的国家。了解的意图是制定新战略，以应对一个全新的世界。"区域国别研究"在美国得到最充分的发展，其原因正如18、19世纪殖民地研究在英、法两国最为盛行。如同在18、19世纪的英、法两国，20世纪美国的区域国别研究也是跨学科的研究，美国那些最著名的区域国别研究中心（如哈佛大学的东亚研究中心即费正清中心）都是针对某一地区或某个国家作跨学科、综合性研究的学术基地，其成果涉及许多领域，而领域越全面，成果就越突出，越能把一个地区或国家的各种情况说清楚、摸透彻，形成立体性的研究结果，由此而体现这个基地的学术能力和研究水平，引起社会的高度重视。

因此，二战后出现在美国（以及整个西方学术界）的"区域国别研究"，其新颖之处不在于开辟了一个新"学科"，而在于组建了一个新的平台，在这个平台上，各学科（包括人文、社会科学，甚至理工医农）只要有共同的研究对象（指地理对象，即某个国家或某个地区），都可以互相配合、互相支撑，共同对这个国家或这个地区作研究，最终拼出一幅关于这个国家或这个地区的"全息图"，达到为制定相关政策提供知识和学术基础的目的。

我们有些人认为区域国别研究应该是一个学科，为此应不懈努力。这种想法只有在中国才会有，因为中国实行一种严格的"学科制"，没有"学科"的支撑，一切都不存在，所谓"皮之不存，毛将焉附"。我理解其中的考虑,也明白"学科"对每一个研究者的意义。不过区域国别研究确实不是"一个"学科,它只是一个领域。就研究对象而言,"区域国别研究"所涵盖的各知识领域只有一个共同之处,即共同的地理对象——某个地区或某个国家。顺便说一句:许多人把"区域国别研究"等同于"国际关系",仿佛它是又一个"国关研究"。这就把"区域国别研究"的范围大大缩小了,"区域国别研究"可以为"国际关系"提供广泛而坚实的知识支撑,没有这些支撑,"国际关系"很难取得深入而有洞见的成果。但"区域国别研究"比"国际关系"范围要大得多,与"国关"相比,它是一个基础性的知识结构。

尽管如此,考虑到"学科"在中国的重要性,我不反对建立新学科的努力,虽说就"区域国别研究"本身而言,它不是学科。如果要尝试建立某种形式的新学科,那么它应该是一个"跨学科"的学科,我国现行学科体制中已经有"交叉学科"的概念,而且在理工科范围内已经相当普及;那么"区域国别研究"作为一个"交叉学科"是可以存在的,不过它的前提是:任何以"区域国别研究"身份来申请"学科"的实体部门(如学校、研究所等等),必须有一定数量的多个学科(比如10个以上不同学科)的研究力量存在,而且都从不同领域对某一特定地区或特定国家进行学术研究、形成共同对象,并有所成果。如果不设严格的前提条件,区域国别研究这个"学科"就会变得烂而又烂。

在中国,对外国的研究早就存在,20世纪60年代曾在多个高校设立过一批研究机构,旨在研究外国问题,比如美国研究所、非洲研究所等等。但限于种种原因,当时的主要工作是翻译资料,而且在"文革"开始后基本上停顿下来。改革开放后组建中国社会科学院,其中包括多个涉外研究所;各高校也形成了一批研究外国问题的师资力量,拿出了一批研究成果。但从"区域国别研究"的角度看,迄今为止有明显的弱点,致使它很难向深度发展。

第一,研究力量分散、不集中,在高校分散在各院系、各学科,比如研究美国问题的师资分散在历史系、外国语言文学系、国际关系院系、政治系、法律系、教育系等等,其学术定位分属历史、外语、国际关系、政治、法律、教育等诸学科,这些学科各有标准、各寻方向,没有办法把所有这些研究都指向一个共同的目标即"美国研究",结果各学科相互隔绝,彼此不通气,难以形成合力,也无法把美国作为一个完整的对象进行研究。这种情况在社科院下属部门也大体如此,并且因受到编制限制,很难做到多学科合作。

第二,研究对象分布不均,专业人员严重不足。国内研究外国问题,长期集中在少数几个国家,比如美、英、日等等,对法、德、俄的研究就少了很多,北欧、南欧几乎没有。对发达国家尚且如此,欠发达地区则处处是空白,像印度这样重要的国家,国内很少有专门的研究人员,更不要说柬埔寨、不丹、马拉维、洪都拉斯这些地方了。当中国对外封闭、只关注自己的事务时,这种情况尚无碍大局;但当中国走出国门,尤其是试图规划"一带一路"时,问题就变得非常严重了。

第三,语言能力欠缺,制约了研究能力。相当一部分研究者用英语进行研究,当研究对象是英语国家时,问题尚不突出;对非英语国家而言,问题就相当大。试问:如何能够用英语研究拉美、中东、东欧或北欧,更不要说非洲或中亚?即使像印度、肯尼亚、马来西亚这些地方,曾经是英国殖民地,目前也以英语作为官方语言或通用语言,对它们仅用英语进行研究也是不够的,因为老百姓仍旧使用当地语言,没有地方语言的能力,就无法了解深层的情况。

第四，介入区域国别研究领域的学科不多，即使有介入，也介入不深，多数浮于表层。前面说过，区域国别研究是对某一地区、某一国家作全方位的了解和全面的研究，几乎各学科都有介入的空间。可是我国目前的形势是，很少有人类学家作某一国家或地区的人类学研究、社会学家作某一国家或地区的社会学研究；环境科学家不会去作湄公河流域的环境问题研究，能源学家不会去作中东地区石油资源考察，农学家大体上不会研究肯尼亚或塞尔维亚的农业问题，而这些研究对"一带一路"而言，却已经越来越重要了。有一些学科确实有研究外国问题的传统，如政治学、法学等；但即便如此，其研究课题也大体停留在宏观层面，很少深入微观层面。比如，外国人对华为的情况研究很细，而我们对苹果公司了解多少？再比如，国内关于外国政治制度的书出了不少，可是有几本能够对美国的各种权力机构（例如国会）的运作机制或相互关系（比如上级法院和下级法院之间的关系）说得清楚呢？如果对这些问题不能说清楚，我们就不能说对美国有所了解。美国尚且如此，对其他国家呢？

由此引申出第五个欠缺：作区域国别研究，需要一头扎进研究对象国，沉入当地社会，深深扎下根。了解和研究一个国家（或地区），最重要的是了解那里的人，了解他们的思想和生活方式，为此，就要到那里去生活，尽可能融入在那个社会中。这是很难的，也是我国的区域国别研究最缺乏的。上述提到的几个弱点，在很大程度上都与这个缺点分不开。现在许多涉外研究，主要通过阅读和研究外文图书报刊来作研究，而且多数是英文书或英文报纸，这样的研究既不接地气，语言上又隔了一层，要靠别人的研究来作研究，很难体会到真实的情况。因此，要推进中国的区域国别研究，使其真正攀升到国际水平，就要从培养研究者开始，培养出一批在对象国有长期生活经历（至少是经常往返的经历）又有坚实学科基础和学术功底的人。这是一项艰巨的工作，但我们必须做。

在中国，严格意义上的区域国别研究刚刚起步，种种不足在所难免，那么，如何才能建设出中国风格的区域国别研究呢？显然应该从填补不足入手。在所有的任务中，人才培养是重中之重，像弥补语言不足、扎根对象国生活、调动更多的学科参与研究等问题，都有赖于新的人才的培养；有了人，才会有区域国别研究的真正勃兴。然而，人才培养又有赖于顶层的推动和制度的跟进，这些才是决定性因素，没有领导的意志和决心以及相应的各种配套支持，区域国别研究是很难自行发展的。二战以后区域国别研究在美国起步时，政府曾起过主导作用，因为当时的美国急需这个领域。现在的中国也迫切需要这方面研究，因此，在建设中国风格的区域国别研究时，政府的作用不可或缺，而依靠我们制度的优越性，一定能把这个作用发挥好。

区域国别研究虽不是中国的创造，但建设中国风格的区域国别研究却是中国学者不可推卸的任务。面对国家的迫切需要和世界风云的急速变化，我们应该把这项任务完成好。

文科为什么要交叉 *

当今世界，理科工科的学科交叉已司空见惯，不交叉几乎已无法推进，这是一个基本共识。但关于文科是不是要交叉的问题，人们仍有不少议论，而我的回答是：文科也要交叉，并且必须交叉。我们可以从知识发展的角度作出具体解释。

一、知识源头

我们先回到知识的源头来讨论"知识"——不仅是"文科知识"，而且是整个"知识"。

先看西方知识的源头。希腊一般被看作西方文明的起源地，我们以亚里士多德为例，看看西方知识在源头上的情况。亚里士多德被视为西方古典知识的集大成者，他有很多著作，包括《工具论》《形而上学》《政治学》《经济学》《大伦理学》《修辞学》《诗学》《物理学》《气象学》《论天》《动物志》《动物之构造》《动物之运动》《动物之生殖》《论灵魂》《论记忆》《论睡眠》《论梦》《雅典政制》《论美德和邪恶》等等，从书名就可以知道，其涉及的领域很多，包括逻辑学、哲学、政治学、伦理学、生物学、自然科学；还包括关于人体的研究，如运

---

* 本文首发于《文化纵横》2020 年第 5 期，第 130—136 页。

动、灵魂、记忆、睡眠、梦等等。亚里士多德一生的著述几乎涵盖我们今天所说的各个学科,知识面非常广,他是一个大学问家。

他书写的许多内容在今天看来有些过时,但他关于政治学的论述至今仍然被推崇,所以被看作是西方政治学的始祖。亚里士多德将人类的政治制度归纳为三类:第一类是"一个人的统治",第二类是"少数人的统治",第三类是"多数人的统治"。每一种类型又分成好、坏两种:"一个人的统治"中"君主制"是好的,"僭主制"是不好的;"少数人的统治"中"贵族制"是好的,"寡头制"是不好的;"多数人的统治"中"共和制"(今天很多人理解为民主制)是好的,"暴民制"是不好的,"暴民制"意味着无政府状态。但在亚里士多德看来,这三种类型六个种类都不理想,他认为人类社会最好的制度是把三种好的类型,即君主制、贵族制和共和制糅合在一起,形成"混合制"。由此可见,亚里士多德关于人类政治制度的学说,直到今天仍有意义。

亚里士多德的思想有其来源,那便是他的老师柏拉图。柏拉图也是古希腊一位博学多才的大学者,他也写了不少书,其中最著名的是《理想国》。这本书涉及我们今天所说的许多学科,如政治学、经济学、哲学、教育学、心理学、法学,以及关于宇宙和自然的学说等等,他知道的东西确实很多。在柏拉图的理想中,最好的政治组织形式是"小国寡民":站在一个国家最高的地理位置上,一眼就能看到这个国家的每一个角落,这样的国家就可以了,那当然是小国。小国中所有的人都相互认识,大家见面都点头微笑,没有冲突,没有战争,没有剧烈的动荡,这就是他的"理想国"。柏拉图还开启了古代希腊的教育体系,他建立了第一所"学院",是知识分子的培养地,后来西方的"研究院"(Academy)就源于此。

柏拉图的老师是苏格拉底,古希腊另一位名人。他因冒犯了当时城邦的统治集团被判处死刑,但他死前从容不迫,谈笑风生,这个故事是大家熟知的。苏格拉底没有留下著作,其生平和思想是由他的学生记录下来的,其中主要的一个人是柏拉图。通过柏拉图的记叙可以了解到:若按我们今天的学科分类看,苏格拉底是教育家,也是伦理学家,也是哲学家、法学家、修辞学家等等。据他的学生记载,苏格拉底每天在雅典街头晃晃悠悠,早出晚归,见到人就去说话,和他们辩论,讨论各种问题。他认为自己是天神送给希腊的礼物,由他来开启民智,让老百姓知道什么是知识。有一次,他碰到一个自视智商很高的青年。苏格拉底问他:骗人好不好,是不是符合道德标准?那人说骗人不好,是罪恶。苏格拉底接着问:假如在战场上跟敌人打仗,你欺骗他们从而打了胜仗,这样骗人好不好?那人想了想说:那是针对敌人的,我是说不能欺骗朋友。苏格拉底又追着问:假如在战场上,我方军队比敌方军队人数少,眼看就要被击败了,这时为了鼓舞士气,指挥员告诉我方军队要坚持下去,大批援军正在赶到,战士们于是士气大振,最终反败为胜;但事实上根本就没有援军,你欺骗了朋友,难道不好吗?这就是著名的"苏格拉底辩论"。苏格拉底的知识面很广,知道很多东西,这是他辩论的基础。

以上这三个人,就是在西方知识源头上的哲人和大学问家;值得我们注意的是,在他们那个时代没有"学科",更没有学科之分。

再看中国的知识源头。中国古代知识的集大成者首推是孔子,他相当于古希腊的亚里士多德。孔子所整理编订的著作大家耳熟能详,包括《诗》《书》《礼》《乐》《易》《春秋》,以及《论语》——孔子的学生把他日常的教诲、所说所为记录下来,便成了《论语》。《诗》包含300多篇古代诗歌,分为风、雅、颂,是孔子一篇一篇收集整理的,按今天的学科分类标准属于文学,因此孔子是文学家,是诗人。《书》

亦称《尚书》，是古代文献，指的是孔子之前古代君王、圣人们发布的文告，包括夏、商、周甚至更遥远的尧、舜、禹时代的典章制度、言论文稿等，这些在今天的学科分类中属于行政管理。《礼》是当时的行为规范、章法礼仪，属行为学、"礼学"。《乐》是音乐、吟唱，属艺术类。《易》是关于自然和人类社会变化的规律，内容很深奥，现在很少有人能弄懂。《春秋》是中国史学的起源，属历史类。此外，孔子在经济方面也自成一说，就是所谓的"义利观"，君子见义不见利。由此可见孔子的学问分布之广、门类之全，按照今天的学科分类，孔子可以被称为思想家、伦理学家、政治学家、历史学家、教育学家、美学家、经济学家等等。孔子作为中华古典文化的集大成者，与希腊的亚里士多德非常像，而且在关于知识理解的问题上，他们的想法也有很多共通之处——什么是知识？知识是一切。在他们看来，人们能想到的东西、能见到的东西、能触摸到的东西都是知识，知识是一个整体，不可分割。

老子是中国古代文明的又一位哲人，他的传世之作《道德经》妇孺皆知。《道德经》虽然只有5000余字，但其内容无所不包，涉及哲学、政治学、伦理学、人学、自然学、军事学、养生学、辩证法等。老子和孔子属于同时代的人，他们至少见过两次面，老子曾经给孔子很多启发。孔子认为他所处的时代是乱世，希望通过自己的努力来改变这种状态。孔子于是不辞劳苦，周游列国，但辛辛苦苦奔波一生，结果一无所获。老子由此教训他：不需求有为，应顺其自然。老子提倡"无为"，该怎样就怎样，他认为天下之事物极必反，无论是好是坏，最终都会走向它的反面，这就是"辩证法"。在中国古代的阴阳五行图中，其核心是黑白两条鱼，分别代表阴和阳：阴，指被动的、静态的东西，走到头就变成阳；阳，指主动的、动态的东西，它走到头也会向其反面发展，这是事物变化的常态。老子虽"无为"却是大学问家，他的知识非常广博，5000余字的《道德经》蕴藏着无穷的智慧。

最后再看另一位中国古代哲人，诸子百家中的墨子，他是个奇特的人物。如果从今天自然科学的角度来看，墨子是诸子百家中最接近自然科学的一人，所以2016年中国发射首颗量子通信卫星，就以"墨子号"命名。通观墨子的著作，我们会发现他所涉及的领域除了哲学外，还包括逻辑学、政治学、军事学，以及与自然科学相关的物理学、光学、机械、工程等等，涉猎之面确实非常广泛。这与古代希腊哲人的情况很接近。因此，在中国古代知识的源头上，知识被视为整体，并没有分成学科，甚至都无法分出文科、理科或工科。

无论在古代西方还是在古代中国，在知识的源头上，学科分类并不存在。

二、传统教育

那么传统的教育是什么情况？我们同样先把目光放在欧洲。前面已提到柏拉图建立雅典学园，文艺复兴时期，著名画家拉斐尔曾以《雅典学园》为题创作过一幅世界名画。雅典学园的基本学习内容是"四科"：算术、几何、天文、音乐。我们无法把这些内容归纳为理科、工科，或是文科，因为它们都属于知识，是一个知识的整体。按照柏拉图的设想，进入学园学习的人都是已经接受过初等教育并能够继续深造的可塑之材。他认为公民从七岁开始就应该接受初等教育，尽管雅典城内90%的人都不是公民，而是奴隶或女人，没有资格接受教育，但在当时，公民接受教育却是一项义务。初等教育的主要内容是读、写、算、骑马、投枪、射箭、音乐等，各个方面都有涉及，是一种全科教育。

到中世纪,欧洲进入基督教控制思想的时代,也就是神控制人的时代。大约11、12世纪西欧有些地方出现了"大学",大学的英文单词"university",其词根是"universe",本意为包罗万象,什么都有。大学里所有人都要学习和了解这样几门课程:神学、医学、法学、数学等。另一方面,当时所谓的学院"college",其含义也不等同于今天所说的"外国语言文学学院"那样的"college"。欧洲中古时期的学院,是有钱的贵族地主或富商,划出一块地,比如几十英亩,在上面造一栋房子,地里面的收益供养房子里的人,然后将这块地及房子一同交给那些有志于做学问的人,那些人住在里边不愁吃穿,专心读书,这就叫"college"。直到今天,在英国的剑桥和牛津,这种形式的学院仍旧存在。中世纪晚期出现的英国公学,专门培养贵族子弟,英国重要的人物基本上是公学出身的,公学开设的课程包括宗教、文法、古典、修辞、数学、骑马、射箭、体育运动等,所涵盖的知识面同样很广。

至于中国的情况,周代的官学有"六艺":礼、乐、射、御、书、数。其中礼、乐、射、数都很容易理解,"御"是驾车,它有两个作用,一是私人用途,二是战争需要,当然战争更重要。"书"是指古代文献,主要是古代治国理政的经验和教训。周代的官学是对当时的贵族子弟进行教育的场所,我们不难发现,"六艺"与柏拉图的公民教育几乎一样,相隔万里的两地人民对知识的理解竟如此相同。后来孔子创办私学,招纳学生,所谓弟子三千,贤人七十二。私学教授的主要内容是儒家学问,如五经,即《诗经》《尚书》《礼记》《周易》《春秋》。这些知识形成了中国古代的一套学问,不存在所谓的学科分类,它一直延续到近代"西学东渐"之时,到那个时候中国人才认为需要改变自己的想法，要把学问分成"学科"。关于中国的传统教育，民间有这样一种说法，叫"琴棋书画，无所不通"，可见在古代中国，"才""艺""学"三者是不分开的。

因此，无论是在西方的传统教育中，还是在中国的传统教育中，在文明发展过程的很长一段时间里，知识就是知识，知识是一个整体，知识不能被分隔，不被分门别类。

三、"文人"典范

在那个漫长的时期，对于希望学习和掌握知识的人来说，最大的要求就是什么都懂，样样都会，要博学多才，这是一个基本的判断标准。按照这样的标准，我们来看看古代那些著名的文化人是什么情况。

首先看欧洲。罗马帝国后期基督教成为官方意识形态，这时出现了一批宗教学问非常深厚的人物，他们来自教会，对基督教进行解释，奠定了一些基本的理论和观念。这些人后来被尊称为教父，这个时期也被称作教父时代。教父中最为著名的是奥古斯丁，人们说是他奠定了以后一两千年基督教的基本思想。《上帝之城》是奥古斯丁的著作中非常有名的一本，也是一部关于人类社会、政治制度、国家形态的著述。奥古斯丁在古代亚里士多德的政治学说和柏拉图的理想国的基础上，加进了基督教的基本理念，即上帝与上帝之城，在他看来，上帝赐予人类的制度是最美好的制度。这部书除了涉及神学、哲学之外，还包括政治学、美学、戏剧、文学、历史哲学等等。奥古斯丁是一个全方位的学问家，这是很明显的。

在中世纪，人们的思想受基督教束缚，整个社会上有"文化"的人很少，这里的文化仅仅指最基本的读书写字的能力，当时连国王、贵族都不一定识字。文化人集中在修道院内，那里面藏着一些古代的典籍，还有基督教文献。在中世纪基督教学问圈中，最著名的人物是托马斯·阿奎纳，他被看作整个基督教世界中学问最高的一个人。他写了很多著作，如《神学大全》，其内容涉及面很广，包含神学、哲学、伦理学、经济学、政治学、逻辑学。可见他也是一位超越学科分类的"知识大全"，在他那里不存在学科分类。

到了文艺复兴时期，宗教的神圣性，以及它对人的控制力开始衰退，当时有一些人认为中世纪非常"黑暗"，没有知识学问，人们都很愚昧，教会控制人的思想。于是他们怀念过去，颂扬古希腊、古罗马的璀璨文明。他们因此希望在这个黑暗的时期复兴古代的文化，其中一位著名的人物是达·芬奇。提到达·芬奇，许多人印象中他是一位画家，他的画作几乎无人不晓，如《最后的晚餐》《蒙娜丽莎》等。然而，达·芬奇绝不仅仅是个画家，他掌握着很多知识：他会画地图，懂解剖，画过人体解剖图；他还懂雕塑、建筑、音乐、数学、工程、文学、地质学、天文学、植物学、古生物学等等。他曾有过许多发明，制造过各种精致的小仪器和小机械，如今天流传甚广的"达·芬奇密码"，就源于他发明的一个可以起保密作用的"达·芬奇密码桶"，秘密文件放入其中，别人就无法偷走，一旦有人想偷，它就会自我破坏。我们所知道的文艺复兴时代的大师们，或多或少都类似于达·芬奇，他们多才多艺，知识面很广。

进入启蒙时代，康德是一个代表性人物。康德一辈子都居住在哥尼斯堡，即今天俄罗斯的加里宁格勒，从未离开过。关于康德，我们都会称其为大哲学家，他最重要的哲学著作是《纯粹理性批判》《实践理性批判》《判断力批判》。但是，或许很多人不知道他还是个科学家和天文学家，他第一个提出太阳系是由很久以前的星云逐渐汇聚而最终形成的，他所写的与自然科学相关的作品有《自然通史和天体理论》《论月球对气候的影响》等。他还涉猎历史学、国际关系学、逻辑学、地理学等知识，分别著有《世界通史的想法》《永久和评论》《道德形而上学》《逻辑》《自然地理》等。此外，他还写过一篇非常著名的短文《什么是启蒙》，在他眼中，启蒙就是人类摆脱自我设定的思想不成熟状态，这是他对"启蒙"所下的经典定义，直至今日仍被人们津津乐道。那么康德应属于哪一个学科呢？如果仅把他看作是哲学家，恐怕就委屈他了。

再来看中国的情况，中国古代的学问家是不是也如此？首先来看汉代的司马迁，对于他所著的传世之作《史记》，一般人可能只知道其中有本纪、列传和世家，描写的是帝王将相和达官贵人的历史。但事实上，除了人物传记外，《史记》还涉及非常丰富的内容，包括经济、立法、政体、官职、律令、典章、财政、治水、少数民族、周边国家等等，甚至还有音乐。因此，虽然司马迁为我们留下了一部历史著作，但其中却涵盖了许多在今天看来属于不同学科领域的广泛知识。

另一位家喻户晓的人物是诸葛亮，三国时期人，他所写的《前出师表》和《后出师表》至今仍有很多人能背诵。我们通常将诸葛亮视为杰出的战略家，他谙熟军事，能够指挥千军万马。但他还是政治家、思想家、文学家、书法家，懂得星象、气象、地理、卜卦、机械、水利等等，真可谓琴棋书画，无所不可。与此同时，诸葛亮还是个发明家，他有一个发明叫木牛流马，据称是一种运输工具。"牛"和"马"都由木头做成，能够背负很重的东西在崎岖的山地里日行30里，甚至可以爬山。但它具体是什么样？一直到今天都弄不清楚，也无法复制，只是史书上面有记载。此外，还有很多东西相传都是他发明的，比如我们熟悉的孔明灯。

宋代朱熹的名气更大，他被称为哲学家，是宋明理学的开创者之一。但或许我们没有意识到他对经学、史学、文学、书画、乐律，乃至自然科学都有研究。曾有这样一个故事：8岁时，朱熹的父亲对他说，天上挂着的是太阳，朱熹马上问：太阳挂在哪里？他父亲回答说，太阳挂在天上；朱熹接着问：天又挂在哪里？他父亲一下就被问住了，可见朱熹从小就喜欢思考，长大后便成了大学问家。与西方像康德那样的人物一样，我们不能只把朱熹看作是哲学家。

到了明朝晚期，中国开始出现西学东渐，徐光启是最早接受西学的一个人。他通晓数学、天文、历法、水利、农学、军事等知识，他的著作包括《农政全书》《崇祯历书》《考工记解》，还翻译了许多西方作品，如《几何原本》《测量法义》，将西方的几何和测量知识引进中国。有意思的是，徐光启既是一位士大夫，有深厚的儒学修养，同时又是天主教徒，接受了西方宗教洗礼。在中国步入近代之际，正是这样一批人把中学和西学逐步结合起来。

通过以上例子我们会发现，无论在中国还是在西方，有成就者，一定是能将各种知识融会贯通之人。虽然古代的读书人并不少，但大部分其实都无所建树，例如中国古代的科举制度，曾有那么多人参加科考，但多数人经常只能背几本书、读几篇文章，知识面狭小。从以上所述可见：直至近代开始，知识讲求广博融会，并没有学科概念，也没有学科的分割。

四、知识分科及其优缺点

然而，近代以后情况发生了变化，知识被分割，"学科"的概念出现了。这是关于知识体系的一次重大转型，有两个情况造成了这次转型：

第一，从16世纪开始，西方科学快速发展。如16世纪的天文学、解剖学；17世纪的物理学、医学（血液循环论）；18世纪的化学、生物学；19世纪科学的全面发展，尤其是达尔文的进化论；20世纪和21世纪的科学进步更是不言而喻。这种情况使得古代那种全科型的、全才型的"文人"很难延续下去，因为，尽管他们的知识面非常广，但若要在某一领域无限钻研、不断向深度发掘，"文人"就力所不及了，因此出现了一批专业人才，如天文学家、化学家、生物学家等等。科学的进步要求知识分科，否则它没有办法向深度发展。

第二，随着近代科学的发展，研究和学习的场所也发生了变化，即现代大学出现。这就不得不提到威廉·洪堡，他首创现代大学的雏形，此后全世界的大学都按照他的模式来组建。中世纪的学院制慢慢被打破，大学中形成了一个一个的专科和一个一个的专业院系，如神学系、文学系、哲学系、生物学系、物理学系等等。洪堡的一个基本理念是研究与教学相结合，以前的学校是学习的地方，而洪堡提倡作研究，并且越深越好，结果就出现了一批专业研究人员，对某一领域的某些问题甚至非常细微的问题不断往深处探讨，最终作出新的创造，拿出新的研究成果。这样，院系分割的形式便出现了，现代大学在此基础上组建而成。

现代大学的发展促使学科制形成。首先，学科制将理科和文科分开；然后在理工科方面又分出物理、化学、生物、地理、机械、工程、电机、计算机、人工智能等学科。文科也跟着分割，分出了文学、史学、哲学、政治学、经济学、法学、心理学、社会学等等。与之相适应，专家群体纷纷涌现，诸如物理学家、化学家、生物学家、地理学家、文学家、历史学家、哲学家、政治学家等等，以前那种大学问家就不存在了。

　　学科的分类和专家的兴起当然有其好处。分科的优点在于通过深度挖掘可以将研究工作持续深化，当人们在某一领域、某一问题上的研究越做越深，人类积累的知识也就越来越厚，按照今天的说法，就是有学术含量。文科和理科都会出现这种情况，例如在理科研究中，我们对世界的认识，从看得见、摸得着的物体变成了分子层面的东西，接着变成原子层面、基本粒子层面的东西，后来基本粒子也被打破了。在文科研究中，比如对一个历史问题的研究，以前是大而化之，只知道基本轮廓；现在知道的内容则越来越细，了解的情况也越来越多。

　　但分科的缺点也很明显，它导致知识分割。知识被切成小块，彼此间的联系丢失了。学术虽越做越深，同时也越做越小，学者们的领域不断缩小，最终变成一两个专题。"领域"其实不见了，留下的是"课题"。专家们对自己的课题有深度了解，相互之间却不通气，而且难以通气，因为"隔行如隔山"。这样，一方面在学术的深度上不断突破，对问题的了解越来越深；另一方面在知识的扩大上阻力益增，新的领域和新的知识不易出现，而且越来越困难，因为人们的知识面不够。所以，当分科的优越性体现得愈加充分的时候，分科的缺陷也就暴露得更清楚，乃至于到了一个临界点上，人们发现：若再不打通学科之间的界限，那么不仅知识的增加渐趋不可能，而且连更深入的研究都难以做到了，因为原有的方法和原有的观察角度都走到了极限。这时候，突破学科分割、实行学科之间的交叉，用不同学科的方法和角度，以及不同学科之间的知识积累对某些问题做共同的探讨，就成为新的需要。这个趋势首先在理工科形成，于是在20世纪下半叶，交叉之风盛行于理工科，由此而造成科学技术的爆炸式突破。文科的交叉也随之出现了，虽不似理工科那样形成巨大的冲击波，然而静观过去半个多世纪文科的变化，重大的学术成就也离不开学科交叉，甚至是大跨度的交叉。

五、文科交叉的必要性

因此，回到本文最初的论点，即文科也需要交叉。文科交叉已经是大势所趋，虽说死守原有的学科边界，在研究课题上继续深究仍然是无可厚非的，仍然可以做出成绩；然而，要使文科获得质的发展、更符合时代需要，则交叉舍其不可。原因有以下几点：

首先，对有些文科来说，不交叉是没有办法做学问的，例如心理学和人类学。这两门学科的知识基础就是不同学科，比如生物学、动物学、遗传学、体质学、生理学等等，若没有这些知识，这两个学科本身也就不存在了。像这一类学科，其本身就具有交叉学科的性质，交叉从来就不是问题。

其次，有些学科本身有研究基础，但随着研究的深入，需要做学科交叉才能有新的突破。比如研究族群起源，这个问题属于民族学或人类学。以前的学者依据文献做研究，取得了一些成就。但文献记载往往不全，而且不确定性很强。如果采用学科交叉的方法，就能解决很多问题，比如说利用比较语言学和语音学的方法可以大体了解一个族群的分布范围和迁徙路径，有可能画出一个相对清晰的变化过程。如果更进一步，利用分子生物学基因测定的方式，那么族群的起源与变迁就会变得更加清晰、更加可靠。

再次，学科交叉促进产生新的知识，这些知识在单一学科的框架下是得不到的，其中一个典型的例子是现代考古学。考古学的传统做法是野外挖掘，靠一把铲子、几本书，有很多问题弄不明白。但一旦进行学科交叉，就可以用新的手段进行研究，比如和理科交叉，采取科技考古的手段，利用航拍、碳-14 同位素测定、花粉测定甚至更先进的科学方法，能做出不少新发现。考古学和其他文科交叉，例如和历史学、宗教学、美术学、星相学等交叉，就可能得出更丰富、更深入的考古成果。所以像这一类学科，通过交叉获得了新的知识，推动学科向纵深发展。

最后，学科交叉还能催生新的学术领域，产生新的学科。举一个例子：历史学是一个古老的学科，传统课题是政治史、军事史、外交史。20 世纪出现"新史学"，史学与其他学科结合，这才使史学变成了记载人类一切活动的历史。我们看到：历史学与社会学结合形成社会史，与心理学结合形成心态史，与经济学结合形成经济史，与医学结合形成医疗疾病史，医疗疾病史再和社会学结合，又形成了医疗社会史，等等。类似的情况也见于人类学，人类学和其他学科交叉，迎来了蓬勃发展的局面，延伸出许多新的分支，比如经济人类学、历史人类学、体质人类学、文化人类学等等。在当今学术界，不同学科彼此交叉，产生了新的研究领域。

其中有两个领域特别需要注意，一个是现代化研究，另一个是区域国别研究。现代化研究是第二次世界大战结束后形成的新学科领域，二战后，美国成为世界上最强大的国家，面对一批新兴国家，美国人希望去了解，因而对这些国家的发展模式及其过程有着强烈的研究冲动和意愿，现代化研究于是就应运而生了。它在 20 世纪的 60、70 年代，乃至 80 年代都非常盛行。介入的学科很多，如经济学、政治学、社会学、心理学，以及历史学等等，产生了很多著名的研究成果，而依附论、世界体系论、后工业社会论、生态现代化、可持续发展等理论都是该领域重要的派生物。

区域国别研究也是一个新领域,它同样出现于第二次世界大战以后,与世界格局的整体变动密切相关。区域国别研究最初集中在欧美地区发达国家,尤其在美国,这也和它的霸权地位有关。如果说现代化研究更加关注新兴国家的发展道路和整体模式,那么区域国别研究关注的就是各国、各地区的各种情况,从天文到地理,从历史到现状,涉及范围非常广。这样的研究方向,要求几乎所有学科(不分文理)全都介入,而事实上确实如此。例如哈佛大学的费正清中国研究中心,这个非常著名的区域国别研究机构,据我们了解,目前在该中心做研究工作的学者,包括教授、荣誉教授、副教授、助理教授等一共201人,其所分布的学科包括政治学、军事学、历史学、经济学、管理学、文学、语言学、新闻学、法学、社会学、人类学、哲学、宗教学、教育学、考古学、公共卫生学、生物学、环境研究、科学史、建筑学等等*,可想而知,该机构的学科领域交叉到何种程度、多到何种程度、跨到何种程度!所以,区域国别研究确实是一个大跨度的交叉领域,具有非常强烈的学术意义和现实意义。

谈了这么多学科交叉的必要性后,我们需要弄清楚一个非常重要的问题,即"交叉"是什么意思?在我看来,交叉首先是知识交叉,不意味着一个人对交叉的各领域都很精通,样样是专家;而是对多个领域都有了解,能进行多学科的思考。其次是思想交叉,确信在现在这个时代交叉是方向,理工科如此,文科也如此。第三是方法交叉,即借用其他学科的研究方法,不仅借用文科的,同时也借用理工科的方法。事实上,现在很多的文科研究,如果不采纳理工科的研究手

---

* 笔者于2019年末依据哈佛大学费正清中国研究中心官网所载信息进行统计得出的数据。

段、思维方式和仪器设备，已经不容易进一步深入了。

六、结语：知识发展的一般规律

最后，我们对知识发展的一般规律做一个总结。借用人们常说的一个关于知识理想状态的成语，即"博大精深"，我们可以把这四个字拆解开来：

"博"：人类知识慢慢积累，经过千年万年，向广博方向发展，由此而出现一批博学多才的人，如前面提到的亚里士多德、孔子、阿奎纳、诸葛亮等等，这些大学问家代表着早期知识的"博"，成为文人的典范。

"深"：到一定程度，知识向前推进，人们对每一个知识点进行深入研究，于是就发生一次从"博"到"深"的转化，这次转化发生在近代以后。学科分门别类，知识的分科就出现了，研究机构专门化，学者也专门化，出现了"专家"。由博到深是知识的一大进步，"专家"和"专业"是其特征。

"大"：知识在"深"的阶段越做越细、越做越小，就出现"隔行如隔山"的情况，不仅在学科之间"隔行如隔山"，同一个学科不同的课题也相互不了解，从而对学术的进一步发展造成新的障碍。到这个时候，就要求打破学科障碍，实行多学科合作，进行跨学科研究，于是就出现了学科的交叉，知识进入"大"的阶段。

"精"：学问继续向前走，学科的交叉如滚雪球，原先"老死不相往来"的各学科越滚越大，达到炉火纯青的时候出现一个新的转折，由此而实现学科交叉的最终目标，也就是"精"。

我认为将成语"博大精深"这样分解后，就概括出知识发展的一般规律：从"博"到"深"，从"深"到"大"，最终达到"精"。所以对所有学者来说，尤其是文科学者，交叉就非常重要，它帮助我们从"深"做到"大"，再从"大"做到"精"。每个人都要有自己的学科，学科代表着深度；但同时也需要有广度，广度就是交叉。深度和广度是相辅相成的，当今这个时代知识向"精"的方向发展，因而简而概之一句话：没有广度就难以更深，没有深度则虽广犹泛。

以学科建设为纲推进我国的区域国别研究 *

随着对外开放日益扩大，中国影响力日益增强，我国与外界的联系越来越密切，对外界的了解与认识需求也就越来越迫切。在这个背景下，"区域国别研究"作为一个新兴学术领域在国内迅速成长，呈风起云涌之势。可是，什么是"区域国别研究"？它的特征是什么？如何开展"区域国别研究"？它面临哪些困难？这些问题尚未得到充分解答，本文就这些问题予以解答，以期形成共识。

一、什么是"区域国别研究"

西方的区域国别研究可追溯到18、19世纪，当时，西方的殖民扩张已遍及世界，出于统治殖民地的需要，以及对异域文化的好奇心，西方学者开始了解和研究殖民地的文化、社会等，从而产生出"东方学""埃及学"这一类新的学术领域，这就是最早的"区域国别研究"。不过那时的研究以文化、语言、典籍等为主，与后来的"区域国别研究"不完全一样。二战结束后世界格局变化很快，出现了一大批新独立国家，为了解这些国家，维护西方的利益和影响力，以美国为首的西方国家开始对非西方国家进行全面研究，从而催生了现在意义上的

---

* 本文首发于《大学与学科》2021年第4期，第82—87页。

"区域国别研究"（Area Studies，直译为"地区研究"）。美国是这个潮流的主要推动者，这与它在二战之后的霸主地位分不开，它需要了解世界，以便控制世界。"区域国别研究"从一开始就带有很强的实用色彩，是为大国的需要服务的。随美国之后，欧洲一些国家也对区域国别展开系统研究；稍晚，日本、韩国等也进入这个领域，区域国别研究逐渐发展成一个国际性的研究领域。

区域国别研究的任务和目标是对世界各地区、各国家做全面研究了解，为政府制定政策、民间进行交流提供学术支撑。它的特征，首先是地域性，即有明确的地理范围，以具体的地区、具体的国家为研究对象，积累对这些地区、国家的全部知识。其次是全面性，区域国别研究试图对具体地区和国家做全方位研究，通过研究整理出完整的知识谱系，构建整体认识论。由此产生第三个特征，即区域国别研究的跨学科性和多学科性，其研究范围涉及一国、一个地区的社会、经济、政治、历史、文化、自然、资源、民俗、军事、外交、语言、宗教等各个方面，只有通过许多学科的共同努力、合作研究才能进行。第四个特征是它的在地性和经验性，研究者必须在对象国生活和工作一定的时间，没有当地的生活体验和实地考察是无法做研究的；研究者需要从对象国或对象地区获取第一手知识，为此就需要掌握对象国或对象地区的语言，仅仅依靠国际通用语言（英语）是无法对非英语国家做第一手研究的，即便研究像印度这样以英语为官方语言的国家，也需要掌握当地老百姓的语言，否则就做不深、做不透。

有人将区域国别研究理解为国际关系或国际政治研究，这是误解，也是不理解。区域国别研究是更大的范围，国际关系和国际政治是其中的一部分。任何一个国家或任何一个地区都是多面相的，非常复杂，所以任何现有的学科都无法单独将区域国别研究纳入它的范围下；只有许多学科合作互动、共同努力，才能把一个国家或一个地区的情况摸深、摸透。因此区域国别研究最本质的特征是它的交叉性，它是一个交叉领域。

二、为什么要进行区域国别研究

区域国别研究是大国的需要，只有大国才有进行区域国别研究的强烈要求。19世纪，英、法是世界最强国，由它们开启了对世界上许多国家和地区的整体研究。二战以后美国取得世界霸权，美国成为区域国别研究的领头羊。德、日、韩等也先后开展区域国别研究，这与它们的国力提升有直接关系。我国经过40多年的快速发展，已跃升为世界第二大经济体，综合国力和国际地位不断提升，世界影响持续扩大；与此同时，国际格局变化很快，中国发展的内部条件和外部环境都在发生快速演变。在此背景下，推进共建"一带一路"，推动中外交流，加强国际传播，参与全球治理，共建人类命运共同体，已成为我国应对世界变局、保证持续稳定发展的基本方针。新形势和新目标要求我们准确把握国际形势，正确认识外部世界，精准制定国际战略，有力推进对外工作。这些都要求对世界各国、各地区做深刻、全面的研究，开展区域国别研究是我国的时代需要。

党和国家领导对这项工作十分重视，习近平总书记多次作出重要指示，强调研究外部世界的重要性；中宣部、教育部等多个主管部门近期联合发文，提出要采取多项措施，以学科发展、人才培养、智库建设为导向，建设"三位一体"的中国特色的区域国别研究。发展区域国别研究已成为国家的战略任务，许多人已经意识到这一点。

新中国的区域国别研究起步于20世纪60年代，当时，出于开展外交工作的需要，周恩来总理主持召开了关于加强国际研究的会议，会后，中央外事工作小组起草了《关于加强研究外国工作的报告》。在毛泽东主席的支持下，一批区域国别研究机构在高校建立，包括北京大学的亚非研究所、南京大学的近现代英美对外关系研究室等。但当时的主要任务是翻译资料，研究工作尚待时日。"文革"结束后，区域国别研究重新起步，中国社会科学院建立了好几个下属的区域国别研究机构，如欧洲研究所、美国研究所、亚太研究所等等，并创设一批专业学术刊物，在国内有很大影响。许多高校也设立相关研究机构，一时呈雨后春笋之势。

进入 21 世纪，随着中国的对外交流活动不断增加，对区域国别研究的需求也日益凸显，国家对区域国别研究的重视程度也日益清晰，并逐步加大。2011 年教育部启动高校国别和区域研究专项，在全国范围内建立区域国别研究机制；经过十年建设，全国已有 400 多个部设培育基地和备案中心，分布在 180 多所高校，基本上做到了对世界各国、各地区研究的全覆盖。国家其他部委、各高校也分别建立了一批自设的研究机构，区域国别研究已不再是学者们的个人兴趣，而走向建制化、专门化发展。

也许有人问：我国目前多个学科都有研究外国问题，为什么还需要区域国别研究？其特殊之处在哪里？回答是这样的：第一，我国确有多个学科涉及外国问题研究，但各自从本学科角度出发，关注的是本学科问题，而不是某个国家或某个地区的问题；这些研究分散在多个学科，彼此间很难贯通，无法整合成完整的知识，形成对一个国家或一个地区的全息式理解。区域国别研究的最大特点是：它依靠多个学科参与，共同聚焦于一个地区或一个国家，相互配合、彼此融合，激发出任何一个单独学科都无法形成的知识谱系——这就是交叉学科的价值所在。第二，尽管有若干学科涉及外国研究，但总体而言参与外国研究的学科并不多；对一个国家或地区的了解，不仅涉及其历史、政治或对外关系，更涉及它的社会、文化、资源、环境、人的心理状态、风俗习惯等等，而这些，也许是理解一国、一地区的更重要的因素。所以我们需要一个能够统合多学科研究的学术平台，这个平台正是区域国别研究。第三，更为重要的是，出于多种原因，我国多数学科的多数学者更多关注国内问题，而较少关注外国问题，例如，经济学家们关注中国经济或宏观经济理论，很少有人专门研究某国或某地区经济，包括美国经济。结果就是我们对外国经济的具体情况了解甚少，一旦打贸易战，就感觉炮弹不够；或者有中国企业走出国门，却对去向国的经济运作方式一无所知。

如此就明白区域国别研究的意义了，比如：我们应该研究美国（或沙特、或俄罗斯）的经济问题，于是需要一批专家，他们不仅是经济学家，也是对某国、某地区有多维度了解的地区研究专家。我们需要这样一批人：他们既掌握某一学科的专门知识，又具备跨学科的地区知识；他们既是经济学家，或政治学家，或社会学家，同时又对某国或某地区的文化、历史、现状有广泛了解。这种人由现有的各学科按单学科的培养模式是培养不出来的，需要有专门的培养。从事区域国别研究的学者应该具备三种能力：专业能力、地区能力和当地语言能力，这种人只能通过特殊培养才能出现。人才的短缺是最大的短缺，我们需要培养这些人。

三、如何发展区域国别研究？

此处只讲一个问题，即学科建设问题。如上所说：人才培养是关键,因此学科建设是重中之重。

我国高等教育的特殊之处在学科制;国外有学科,但没有学科制。学科制意味着一切人才培养都需要有固定的、官方正式承认的学科为依托,没有学科依托,从招生到毕业都无法进行。学科制有其优点,改革开放40余年在学科制的保障下,我们培养了无数人才。如今在各部门工作、正发挥骨干作用的人,多数是实行学科制以后培养出来的,他们在学科制度下学习,并获得博士、硕士学位。但学科制也有缺点,表现为学科边界壁垒森严,各学科都有自己的研究领地,彼此"不越界"。

学科分野是随"科学"的诞生逐步形成的。16世纪以后,科学在西方迅速发展,形成了物理学、化学、生物学、医学、地理学、天文学等等特定的领域,各领域又随着研究的深入而更细地划分,形成分支学科,比如物理学就分成固体物理、流体物理、电学、光学、声学等等。学科的形成及细化标志着研究的深入,但深入到一定程度却走向反面。人们发现:各学科其实是互相交叉的,现实中的自然不是割裂的,而是关联的;一种存在可以同时具备多个属性,无法用一个"学科"将其穷尽。比如细胞的活动,既是化学的,又是物理的,当然也是生物的,甚至还是工程学的。于是到20世纪尤其是20世纪下半叶,学科交叉已经在自然科学家那里顺理成章了。

文科的动作比较慢。文科分为"学科",是在自然科学影响下形成的,由此就有了文学、史学、哲学等等,以及后来的经济学、政治学、社会学等"社会科学"。原本在传统上"文史不分家",东方、西方均如此;不过一旦分了家,界限就变得非常分明,尤其当"研究"不再是个人兴趣,而成为职业和谋生的手段后,就更加不可以相互越界了。

我国的现代教育体系是在 19 世纪末、20 世纪初建立的，从一开始就按"西学"的模式建立，当时恰逢西方的学科分化步入巅峰，"学科"意识于是就深深扎根在中国教育体系中。新中国成立后，一段时间里实行"全盘苏化"，在教育界的影响是进一步加强了学科意识，因为苏联的教育体系是学科式的，学科间的界限相当严格。但 20 世纪下半叶却是西方打破学科边界的时候，我国对此则基本不知。在此背景下，70 年代我国恢复高考、恢复研究生制度，为规范招生、便于学业和学籍管理，就制定了全国统一的《普通高等学校本科专业目录》《研究生教育学科专业目录》，把国内所有的人才培养都纳入同一个规划体制里，体制外的培养是不存在的。

学科制的时代背景即如此。然而随着教育的发展和科学技术的快速进步，在理、工、医、农等部门固守某一学科（特别是其下属分支）已经很困难了，所以在这些部门，交叉就成了不得不为之的事，并且迅速发展。为解决严格的学科分划与强烈的交叉需求之间的矛盾，有些学校（比如北大）就设置了"交叉学科"，使得跨学科的人才培养和科学研究有可能进行。不过文科的交叉意识迄今仍不强，各学科自守边界的现象仍很普遍。

现在回到区域国别研究问题上。前面说过：区域国别研究已经是国家的需要、时代的要求，而人才的短缺是最大的短缺，没有人什么也做不了。因此，若要发展区域国别研究，就应从人才培养这个根上着手。但我国的人才培养又是在学科制框架内进行的，没有学科支撑，就无法培养人。区域国别研究所需要的人比较特别，他们既应有广博的地区知识，又需有精深的专业知识，国家现有《研究生教育学科专业目录》上的任何学科都无法单独培养出这样的人，所以唯一的解决办法，就是把区域国别研究建设成一个跨学科的学科，成为它自己的学科。

2020年年终时教育部下达文件,在国家《研究生教育学科专业目录》中新设一个门类,即"交叉学科"门类,以解决我国现有学科体系中学科界限严格、互不相通的问题。这是个聪明的办法,一方面保留了现有制度体系的延续性,不会造成脱节混乱;另一方面又在相当程度上弥补了它的缺陷,为"交叉"发放了通行证。对区域国别研究而言这是个契机:区域国别研究本来就是典型的交叉学科,不仅文文交叉,而且文理交叉,将其列入交叉学科门类,就让区域国别研究能够落地发展,得到了制度性保障。尽管从本质上说区域国别研究是领域而不是学科,但在我国严格的学科制度下,它只有在《研究生教育学科专业目录》中得到"正名"才能被发展;换句话说,应该给区域国别研究设一个学科,这样才能培养出它所需要的人,从而得到发展。

"区域国别研究"在中国读者群中是一个陌生的概念,我希望通过《大学与学科》这份杂志,能够让更多的读者了解这个领域并为之做贡献。

区域国别研究是交叉学科建设的一个抓手[*]

今天参加《大学与学科》期刊举办的交叉学科研讨会暨专刊发布会,并作为专刊一位作者向大家作几分钟的汇报,感到非常荣幸。我深深体会到,在世界格局发生深刻变化的时刻,学术研究正承担着"研以致用、为时代服务"的使命,《大学与学科》期刊为这项使命搭建平台,正在发挥应有作用。

北宋学者张载名言:"为天地立心,为生民立命,为往圣继绝学,为万世开太平",这四句话高度概括了中国知识分子自古至今忧国忧民、为国为民的境界与情怀,也是今天中国学者的行为标杆和人生追求。《大学与学科》举办交叉学科研讨会,正是顺应科学发展与学科发展的滚滚潮流随时代而动,体现着时代的要求;因为,现在这个时代呼唤学科交叉,呼唤交叉学科。现在我按会议要求谈谈区域国别研究方面的情况。总体而言,区域国别研究正是我们这个时代的一项要求,是中国学者一定要完成的一项使命。以下,我想谈几点体会:

---

[*] 本文基于作者在 2022 年 1 月 11 日《大学与学科》交叉学科研讨会暨专刊发布会上的发言整理成文。

一、区域国别研究是大国的需要

回顾历史，只有大国才有进行区域国别研究的强烈愿望。19 世纪英、法是世界最强国，由它们开启了对世界多地的整体研究。二战以后美国取得世界霸权，美国成为区域国别研究的引领者。以后，世界其他国家如德国、日本、韩国等也先后开展区域国别研究，这与这些国家国力提升有直接关系。我国经过 40 多年的快速发展，已跃升为世界第二大经济体，综合国力和国际地位不断提升，世界影响力持续扩大；与此同时，国际格局变化很快，中国发展的内部条件和外部环境都在发生快速演变。新形势和新目标要求我们准确把握国际形势，正确认识外部世界，精准制定国际战略，有力推进对外工作。这些都要求我们对世界各国、各地区做深刻、全面的研究，而不是浮光掠影、人云亦云；因此，开展区域国别研究不是一个要不要的问题，而是怎么做、做什么的问题。

现在，全社会对这个问题越来越重视，逐渐形成共识。在此背景下，我们不应该停留在要不要的争论上，而把注意力转向怎么做、做什么，尽快发展国家所需要的区域国别研究，以适应世界格局的变化、适应国家的需要。

二、区域国别研究是典型的交叉学科

区域国别研究的任务是对世界范围内的地区和国家做精确的、全方位的研究，通过研究整理出完整的知识谱系，构建整体认识论。学科交叉性是区域国别研究的重要特征，其研究范围涉及一国、一个地区的社会、经济、政治、历史、文化等各个方面，不仅涉及文科知识，也涉及理工医农知识，只有通过多学科的交叉融合才能进行，绝不是任何一个学科能够单独完成的。区域国别研究要求研究者在对象国生活和工作一定的时间，需要从对象国或对象地区获取第一手知识，为此就需要掌握对象国或对象地区的语言，仅仅依靠国际通用语言（英语）是无法对非英语国家做第一手研究的，因而不可能形成中国学者自己积累起来的关于世界的知识基础，也就不可能形成中国自己的话语体系。中国的区域国别研究从一开始就要明确目标，构建自己的话语体系，而不能跟在别人后面走、说别人说的话。说别人说的话是很容易的，拿几份报纸看看就可以了。但这有什么意义呢？

三、社会各界需要区域国别研究

在几年的工作实践中，我们发现社会各界对区域国别研究有巨大需求。举一个例子：改革开放后我国许多企业走向国外，开发了广泛的国际业务，但目前碰到的困难，主要不是技术方面的，而是对驻在国的社会、政治、文化状况不了解，经常出现的情况是碰到了问题，但不知道问题的根子在哪里。套用国内的解决方式一定会碰壁；而寻找国外的解决方案，又必须对那个国家有深刻了解。因此企业界特别希望学术界能为它们提供支持，为他们提供解决问题的思路。可以胜任这项工作的恰恰是区域国别研究。不仅企业界如此，其他很多部门如文化、外交、民间交往、科学合作机构等，都需要对国外背景有深刻了解。中国已经和全世界联系在一起，因此需要对全世界有准确的认识，但认识世界需要有能够认识世界的人，缺乏人才，是我们目前最大的困难。

四、人才培养是关键

据了解,在中国高校从事外国历史教学的人员只有一两千人,而美国有数万人;如果考虑到中国有14亿人口而美国只有3亿,其中的差距就更加明显。这还只是世界史一个学科的情况,目前中国各学科学者绝大多数仍习惯于只研究中国问题,而很少专门研究很具体的外国问题,例如美国经济、德国司法、意大利社会问题等,更不用说研究柬埔寨的政党、伊拉克的族群关系、韩国财团内部的运作模式和人际关系等等,研究这类问题的人相当稀少。正因为如此,我国企业对区域国别研究有很高的期待(不仅是企业,其他涉外部门同样如此),他们需要大量的高级专家和涉外人才,这些人应该是美国通、德国通、东盟通、非洲通等等。这意味着:他们不仅是经济学家、社会学家、政治学家,或其他学家;他们更应该是针对某一个地区或某一个国家的知识专家和专业研究者,但这样的人和这样的专家只有通过区域国别研究的训练才能培养出来。

五、做好区域国别学学科建设

最近一段时间大家都在讨论设立区域国别学一级学科的问题,我认为,一旦学科真正设立,就需要立刻为新学科的诞生制定规则,做好"接生"工作,包括课程设置、学制安排、研究方向、学习方式、语言要求、教材编写、质量保障、师资配备等等。新学科的形成如同幼儿学步,总会有跟跄不稳、蹒跚犹豫之时;但从起步始就需要目标明确、方向正确,最忌讳走错路、走歪路,一旦走错、走歪,以后纠正就困难了。国外的区域国别研究起步早,既留下经验,也留下教训，我们要取其经验、避其失误，为建立自己的区域国别研究学科而不懈努力。

六、北大部署推进区域国别研究工作

北京大学对发展区域国别研究一直不遗余力，校领导很早就意识到这个领域的重要性，而我国对这项工作需要大力推进。十多年前，北大就开始部署这项工作，成立专家委员会，探索工作方案。2018年学校成立区域与国别研究院，旨在发挥北大学科相对齐全、研究力量相对充分的优势，为全校相关的科研力量搭建一个共同平台。

研究院成立后一直在学校的直接领导下工作，没有学校的支持，研究院什么也不能做，什么也做不成。学校的顶层设计和鼎力支撑是工作成败的关键，这是北大的切实体会。同时，研究院也得到全校许多院系的大力帮助，不仅有文科，也有理工医农，充分展现了区域国别研究的学科交叉特点。目前，研究院执行学校布置的五项工作任务，即人才培养、学术研究、智库工作、学术管理和对外交流，这几项工作和中宣部、教育部等五部委文件中提出的学科发展、人才培养、智库建设"三位一体"的工作方针完全吻合。今后，在已有工作的基础上，我们将一如既往，努力工作，为发展我国的区域国别研究作贡献。

第二部分
孕育时代

背景说明

北京大学向教育部正式提出新建学科的动议并获得学界众多附议，刘新成教授通过相关渠道向领导反映了学界的愿望；国内120余所高校、机构通过问卷形式表示对建立新学科的支持；报纸、刊物陆续发表文章，开始讨论新建学科的问题。一时间，要求把区域国别研究设置为一级学科的呼声四起，人们到处谈论这个话题。罗林教授主持的教育部国别和区域研究工作秘书处发挥了意见收集和转达的作用。教育部开启论证程序，指令北大牵头，在全国范围内组织专家工作组，对是否应该设立区域国别学一级学科给出明确意见。参与工作的7名专家是（按年龄排序）：张蕴岭，黄仁伟，许钧，韩东育，林文勋，袁鹏，还有我自己。7位专家来自7个不同地区、不同单位，分属于7个不同的一级学科，并都曾担任过各自学科的评议组负责人。经过一天的认真讨论，7位专家听取了各种意见，查阅了许多文献，最终提出共同建议："在交叉学科门类下设立'区域国别学'一级学科很有必要。"区域国别学新学科设置的程序，就此开端。这一天是2021年6月27日。

设置新学科的过程极其复杂，也很漫长。此处无意把过程的曲折性、艰巨性诉诸文字，这里想说的是：整个过程完全合规，挑不出任何瑕疵。我记不清经过多少次评估、审查、调研和专家投票，也许是七八次，也许更多。总之是"过五关斩六将"，最后在 2021 年 12 月由国务院学位委员会发布新一轮的《研究生教育学科专业目录（征求意见稿）》，建议在"交叉学科"门类下新设"区域国别学"一级学科，这是整个过程的关键时间点。区域国别学作为一级学科被正式提出来向社会公示，是一件非常不容易的事。

　　但反对的声音也很多，主要质疑是：已经有这么多学科了，有必要再设一个新学科吗？换个问法其实是：目前现有的这些学科，就不能做区域国别研究吗？以下几篇文章基本上都是在回答这个问题，其中指出：要不要设区域国别学一级学科，本质是要不要培养区域国别研究人才；只有有了学科，才能培养人才。文章中也提出区域国别学的一些基本原理，例如区域国别学的两大支柱学科是外国历史和外国语言，"交叉学科"的本质是突破学科边界，区域国别学的人才培养应该是"通才＋专才"，等等。这些是我对区域国别学的重要理论认识。

关于区域国别研究的几个问题[*]

一、我国区域国别研究的问题所在

近几年，学术界热议区域国别研究，经过一段时间的讨论后，目前形成的共识是，区域国别研究是我国亟待发展的一个领域，需要大力推进。但是，对于如何推进区域国别研究，让其达到更高水平，甚至占据国际学术界的应有地位，目前尚未达成共识。

关于区域国别研究的性质，现在已经没有太大分歧，都明白它是对域外地区或国家做全方位的研究，因此它是一个跨学科的研究领域，需要多学科参与。在中国，外国问题研究最早可追溯到19世纪末20世纪初，当时中国正处在国家危亡之际，了解一些国外的情况是情势所逼，但人们的注意力主要集中在国内，即如何摆脱内忧外患。新中国成立尤其是改革开放后，国家的地位改变了，我们需要了解更多的情况，因此域外研究取得更大进展，积累了不少成果。不过，各种研究都分散在高校或科研机构的各院系、部门，研究人员也分散在各个学科里，彼此之间缺少了解，各做各的，无法整合成对域外地区或国家完整的知识体系。并且，由于分布在各个学科，学者是根据本

---

[*] 本文首发于《学海》2023年第1期，第114—116页。

学科的要求和各自的兴趣做研究，由此造成重大缺陷，一是在地理分布上只涉及少数国家，对世界上多数国家和地区是没有认识的；二是在内容上受各学科内涵的限制，很难满足区域国别研究的要求，即对一国或一地区做全面的、完整的研究和了解。正因为如此，很多人认为中国根本就没有区域国别研究，只有"对外研究"，比如研究外国历史，研究外国哲学，研究外国文学，等等。至于有没有外国资源研究、外国水文研究、外国司法或经济研究呢？当然是少而又少。因此，中国的区域国别研究确实很不如人意，亟须改变。

二、区域国别研究的重要性

这个问题似乎不需要讨论了，其实不然。口头上承认它的重要性和心底里承认它的重要性是不同的，理论上承认它的重要性和感性地认识它的重要性更是不同。从理论上说，随着中国走向世界，而且日益走到世界舞台中心，全面和深刻地了解世界、了解每一个国家和地区，已经是当务之急。我相信经过将近两年的热烈讨论，学术界、理论界甚至社会多数都在理论上承认这一点。然而能感性地认识到这一点并真正体会到它的急迫性的其实并不多，尤其对书斋学者来说更不容易。然而做实际工作的朋友就不是这样，他们对问题的急迫性就有很深的感受。我们的外经、外贸、外交、对外文化交流、国际体育、民间交往等等各方面工作，经常碰到的不是技术问题，而是认知问题，是认识的隔膜，也就是相互不了解。这些问题在做具体工作的人那里往往解决不了，需要学术支持。这就突显了区域国别研究的重要性，区域国别研究应该做到地理空间上的全覆盖和认知范围上的全覆盖，这样才能完成使命。但现有状况是不能满足要求的，存在两个

"未覆盖"：第一，未能覆盖世界多数地区和国家，不仅被认为是"不重要"的地区和国家未能被覆盖，就连"重要"国家（比如欧美国家）也未被覆盖。事实上，所谓"重要"或"不重要"不在于它发达不发达或在不在欧洲美洲，而在于它对中国来说是不是重要，以及它的地理位置是否重要。第二，未能覆盖全部的知识领域，比如气候、环境、地理、资源、水源、技术、人口、宗教、习俗、文化等等。因为有以上两个"未覆盖"，所以要大力推进区域国别研究，这不是理论上的需要，而是实际工作的需要。关于这个问题的共识主要不出于理念的推论，而是出于现实的需要，学术界应服从现实需要，应时而动。

三、区域国别学的重要性

"区域国别研究"与"区域国别学"是两个概念，虽然它们之间有密不可分的联系，但并不能画等号。在近两年的讨论中，人们对要不要推动区域国别研究基本取得共识，都认为区域国别研究非常重要，需要大力推进。但在如何推进区域国别研究方面仍然有不同意见，至今仍有分歧。仔细想一想，分歧并不在要不要发展区域国别研究，而在于要不要设立"区域国别学"。上面已经说到："区域国别研究"与"区域国别学"是两个概念，人们把不同的两个概念混在一起了，才产生一系列分歧。我认为，已经意识到"区域国别研究"与"区域国别学"并非同一概念的人并不多，因此需要郑重撇清。

区域国别研究是一个"领域"，区域国别学是一个"学科"。我国的区域国别研究需要大力推进，原因是它未如人意。为什么未如人意？原因是上文说到的两个"未覆盖"；可是为什么做不到两个"全覆盖"？根本原因是没有人，没有研究的人，我们缺乏人才。没有人才，就无法对众多地区（或国家）进行研究，也无法对很多知识领域予以认知。因此，发展和推动区域国别研究的关键是培养人，没有人，区域国别研究就不可能发展。

但问题是：为什么没有人、为什么不能培养？这就涉及我国的人才培养体制了。我国高等教育的特殊之处在学科制，国外有学科，但没有学科制。学科制意味着一切人才培养都需要在特定的学科框架内进行，如果没有被官方认定的"学科"为依托，就不能培养学生，培养了也得不到承认。这意味着：没有学科就不能招生，招了生也不能毕业，毕业了就找不到工作，于是就白培养。所以，我国人才培养是按全国通用的《研究生教育学科专业目录》进行的，而区域国别研究在其中尚无一席之地，因而也就不能培养相应人才。

答案也就很清楚了：发展我国区域国别研究的根本出路是培养人，培养人的唯一途径是设学科。教育部近期公布的新版《研究生教育学科专业目录（征求意见稿）》在"交叉学科"门类下设"区域国别学"一级学科，就是想从根本上解开发展我国区域国别研究的死结。所以，"区域国别学"作为学科，是和我国现行《研究生教育学科专业目录》上已有的其他学科一样，是培养某一领域的特定人才的，例如"物理学"培养物理研究人才，"生物学"培养生物研究人才等等——"区域国别学"培养区域国别研究人才。

总之，建设"区域国别学"是为了培养特定的人，培养特定人的目的是发展区域国别研究，发展区域国别研究以满足国家的迫切需要，同时也满足社会的迫切需要。

四、区域国别学人才培养的目标与要求

根据该学科的本质要求，区域国别学的人才培养目标是"通才+专才"。"通才"是指对一个国家或地区的所有知识都有基本的、常识的、广泛的了解，也就是所谓的"某国通"。我们现在缺乏这样的人，我们有没有英国通、美国通、法国通、德国通？有没有柬埔寨通、埃及通、委内瑞拉通、印度尼西亚通？如果没有，就需要培养。区域国别学要把培养"通才"作为基本要求。

但仅仅做"通才"还不够，在"通才"的基础上，必须是"专才"。区域国别学培养的人，应该对某个国家或地区的某一领域有深入研究，是这个领域的专家。比如，他是一位经济学家，其研究成果受经济学界广泛认可，但他与一般意义上的经济学家的区别在于：第一，他的研究对象集中于美国经济问题，所有研究都和美国经济相关，他是研究美国经济问题的专家，而不是通常意义上的"经济学家"；第二，他同时是"美国通"，对美国的知识了解不限于经济学，因而对美国经济问题的看法具备更广阔的视野，因而能得出更独到的见解。由此可见，区域国别学的人才培养目标和要求是非常高的，高出于现有《研究生教育学科专业目录》上的任何学科。区域国别学一旦成为学科，必须把"通才+专才"的要求作为不可动摇的目标，而要达到这个目标，就必须投入巨大力量，其中包括资金投入，更重要的是理念投入和学术投入。总之，区域国别学的高要求意味着其不能靠自发的力量推进，必须由国家来推动，尽全社会之力来推动。

五、区域国别研究与世界历史研究的关系

在现有各学科中，历史学是一个特殊的领域，表现为在20世纪，

尤其经过第二次世界大战以后的充分发展，历史学已成为跨学科、跨专业、交叉的学术领域了，世界历史当然也是这样，所以"世界史"作为一个学科，早已脱离19世纪传统或更早传统的历史学理念了。现在的世界历史本身就是一个高度交叉的、高度融合的知识体系，这个体系对于区域国别研究来说极为重要。作为多学科汇聚的一个知识体系，世界历史是区域国别研究的一个重要支撑，其重要性与区域国别研究的另一支柱即外国语言等同。这里说的外语绝不仅仅是英语，英语是国际通用语言；然而除英语之外，区域国别研究还必须掌握对象国语言。世界史与外语是区域国别研究的两大支柱，把这两个支柱抓住了，区域国别学人才培养才具备基本条件，其"通才+专才"的培养目标才有可能实现。

世界史学科在这方面有突出的优势，因为从19世纪下半叶开始，历史研究就开始摆脱传统的、兰克式的学科模式，而向新史学发展。传统的历史学只关心政治、外交、军事等等，是"帝王将相、才子佳人"的历史学；但19世纪末、20世纪初经济和社会问题进入历史学视野，形成了经济史、社会史分支学科。20世纪的变化更大，尤其二战以后出现一系列新的专注点，形成了诸多新的历史学分支学科，比如环境史、生态史、医疗史、疾病史、心态史、文化史、科学史、妇女史等等。总之，历史学家意识到人类的一切活动都是他们的研究对象，于是多学科知识融入历史学，历史学成了一个跨学科的新学科，已经是一个交叉的学术领域了。国内的世界史学科当然也发生了这样的变化，这是我们都能看得到的事实。因此，世界史学科和区域国别学学科相交相容是最正常、最必然不过的；这就是为什么在中国的区域国别研究领域中，有许多世界史学者做出了突出的贡献。

区域国别研究的学科建设*

华东师范大学俄罗斯研究中心、《俄罗斯研究》杂志于2022年3月28日对钱乘旦教授进行电话采访,本文根据访谈记录整理而成,采访人刘军**。

一、从学科边界到学科交叉

刘军:钱老师您好。改革开放以来,随着国家全面恢复高等教育,学科体系不断完善,我国区域国别研究也于20世纪80年代起步。在这样的历史纵深中回望初心,您作为国务院学科评议组资深专家,如何评价中国高等教育40年来的学科发展历程呢?

钱乘旦:我们先简单对中国高等教育事业的发展做一个回顾。19世纪末20世纪初,以京师大学堂——北京大学的前身——的建立为标志,我国开始接受西方的教育体制,过程中也经历了许多曲折。1949年以后,我们采取了"全盘苏化"的方针,虽然向当时的苏联学习了不少优秀的经验,但也产生一些问题。我国的教育事业在"文革"期

---

* 本文为访谈记录,首发于《俄罗斯研究》2022年第2期,第3—19页。
** 刘军,中国国际关系学会副会长、上海市俄罗斯东欧中亚学会会长、华东师范大学俄罗斯研究中心执行主任、华东师范大学政治与国际关系学院教授。

间受到了很大冲击，正是改革开放以后高考制、学位制的恢复对后来几十年的发展起了重要作用，也积极推动了中国现代教育制度的发展。

在恢复学位制的过程中，教育部制定的、作为规范的《研究生教育学科专业目录》发挥了很大的作用。如果没有《研究生教育学科专业目录》，我们不可能在相对短的时间内建立起比较完备的学科体制，这一制度在推动中国现代教育制度的发展方面起到了正面的、值得充分肯定的作用。但学科制也为中国的人才培养带来了固化，各个学科之间不互通、不往来，从而形成自立门户、边界清楚的情况。这是学习苏联教育体制所产生的后果之一。就"学科"这个概念来说，西方也是有学科概念的，学科概念在西方国家已经流行了一百多年，它的出现甚至可以追溯到17、18世纪。但是，需要特别指出的是，"学科制"是个非常特殊的制度，学科制不等于学科。有学科的概念不意味着必定会出现学科制。我这里说的学科制就是把一个个学科固化，相互之间壁垒森严、不通往来的情况。就这一点而言，学科制确实存在一些缺陷，特别是进入21世纪以后，这种缺陷越来越明显。

第二次世界大战结束以后，学科区分在欧美国家已经变得越来越模糊。用我们现在通用的话语表达就是学科交叉变得非常普遍，尤其表现在理科、工科、医科、农科，也就是我们通常所说的"理工科"当中。现在，我们已经很难在国际领先的科学研究中找到界限清晰的学科概念了。同一个课题既可以有物理学的内涵，也可以有化学的内涵、生物学的内涵，甚至于其他学科的内涵，国际学术界学科交叉的情况越来越明显。以历史学为例，以前它的传统研究对象是政治史、外交史、军事史等等，20世纪初有了经济史，又有了社会史，到了20世纪下半叶，我们已经可以看到心态史、生态史、情感史、环境史、人口史、疾病史、灾害史……学科交叉已经很明显。其他学科中也出现了同样情况。因此，学科交叉是不可避免的潮流。我们今天所看到的学术界、科学界取得的重大突破、成就几乎都是学科交叉出来的。因此，在这样的现实中，如果我们仍然坚持学科的边界不可打破，仍然坚持严格的学科分割体系，显然会跟不上时代的发展。

所以，如果没有在改革开放以后学科制的迅速建立、《研究生教育学科专业目录》的迅速制定，就不可能有我们今天所看到的教育事业蓬勃发展的局面。但是，随着时代的发展和现实的变化，我们也应该看到这一制度有它的缺陷，需要去改进。

刘军：谢谢钱老师。您刚刚提到，学科制不等于学科，学科交叉是不可避免的历史潮流，并且现在许多重大的科研成果、科技成就都是"叉"出来的。我之前也阅读过您论述"文科为什么要交叉"的论文，学科交叉的问题实际上有必要在更宽广的历史和现实的语境中得到更加深入的思考。我们都知道，现在教育部也在积极推进新文科建设。在中国特色社会主义新时代和更接近实现中华民族伟大复兴的关键时刻，在哲学社会科学与新一轮科技革命和产业变革交叉融合的新文科建设具体实践中，区域国别学肩负着怎样的学科使命？在"交叉学科"门类下新增"区域国别学"的目的和意义是什么？

钱乘旦：新文科是一个听起来非常新颖的概念，但关于究竟什么是新文科、它的内涵是什么，直到现在也没有很成熟的阐释。按照我自己的理解，新文科指的当然不是我们过去研究文学，现在要去研究一种"新文学"；过去研究哲学，现在要去研究一种"新哲学"；过去研究历史学，现在要研究一种"新历史学"……新文科至少包括以下两个方面的内涵：第一个方面，无论是文科的哪一个部分、哪一个领域，都应该有中国自己的特色，中国自己的理论体系，中国自己的研究对象——有我们的关注点，有我们的结论，有我们的研究成果——新文科应该有中国自己研究出来的、体现着中国研究特色的成果出现。第二个方面，新文科更多地体现在我们刚刚讨论的第一个话题——体现在学科之间的交叉，通过这个交叉能够产生新的角度、新的内容、新的视野、新的思想、新的成果，最终会出现非常出色的新的成就。第二个方面是非常重要的内容。这是我对新文科的理解。

在这样的时代背景下和具体实践中，关于区域国别研究有怎样的内涵，现在我们的学术界、知识界，甚至于整个社会都在讨论，有很多各种各样的观点，还没有达到形成共识的程度。事实上有很多人把区域国别研究理解为要么是国际关系学，要么是国际政治学，要么就是外国语言文学的一个部分，当然也还有其他的理解。我认为，这些理解大多受到了我们在讨论第一个问题时提到的学科制和《研究生教育学科专业目录》框架下固态思维方式的影响——是通过一种固态思维方式产生的理解，也就是仍然要把区域国别研究理解为某一个界限非常清楚的、边界非常明显的固态结构。

然而在我看来，区域国别研究恰恰不应该是这样的。从它的内涵来说，区域国别研究应该是对某一个国家或者某一个地区的全面了解，这个"全面了解"的范围是特别广泛的，不仅仅是通常所说的政治、经济、社会、文化四个方面。试想，如果我们要去了解一个国家，哪怕这个国家是一个非常小的国家，比如说尼泊尔、乌拉圭、太平洋的一些岛国等等，真的要把它了解透彻，就要对这个国家、地区有非常全面的知识积累，不是政治、经济、社会、文化四个方面就能够完整涵盖的。全面了解包含的内容很多，甚至超出了文科的范畴——涉及许多领域的知识，比如气候、环境、地理、资源、水源、技术、人口、种族、宗教、教育……我们能够想到的和这个国家、地区相关的一切都是我们在做区域国别研究时需要去掌握、需要具备的知识。也就是说，要尽可能地积累与某一个国家或者地区有关的、全面的知识。这也是区域国别研究要去完成的基本任务。

所以，现在我们社会上，包括学界、知识界，在理解"区域国别研究是什么"这一问题上，视野还不够开阔，我们的眼界还不够宽广，仍然把对一个国家、一个地区的了解局限在政治、经济、社会、文化几个方面，甚至国际关系一个方面，这是远远不够的。一个国家的体育运动需不需要了解呢？是需要了解的。一个国家的史前情况需不需要了解呢？也是需要了解的。因此区域国别研究不仅是文科的事，它需要全方位、多角度的知识积累，并且通过这种研究进而形成我们的整体知识，而整体知识的形成才有助于我们去深刻了解某一个国家或者地区的基本情况。基于这样深刻的了解、全面的认识，才谈得上去制定我们的外交政策，才谈得上去考虑我们应不应该去那个国家或地区投资，要怎样发展经贸合作关系，政治或文化体育关系如何处理等等。这不是碰碰运气、随便闯闯就能做到的，没有全面的知识积累，到任何一个国家或地区都难免碰壁。这是我们在过去十几年、几十年，甚至更长时间当中不断碰到的问题。迄今为止，国人多数尚没有正确理解区域国别研究的真正内涵与意义，而这恰恰是我们所需要的。

二、历史演进与人才培养

刘军：近期我在给学生上课时讲到近代，比如魏源"睁眼看世界"的《海国图志》，比如林则徐把他翻译的材料送给魏源等等这些内容，由此我们也在思考，这是不是可以被视为我国近代的、早期的一种"区域国别研究"？当然那个时候主要是翻译一些材料，所做的工作和我们现在所说的区域国别研究相比还有很大的差距。现在的我们当然都是从遥远的历史中走过来的，沿着这个脉络来看，我国的区域国别研究现状如何？又有着怎样的发展愿景？这两个问题我们刚刚也有所讨论，如果向更深远的历史和更广阔的未来伸展的话，我们又该怎样看待我国区域国别研究的现状与前景呢？请钱老师再讲讲。

钱乘旦：《海国图志》问世的历史背景是中国处在一个危险的位置上，那时这个危险刚刚开始。当时一些较有远见的人、一些知识分子开始意识到，我们中国人所认识的"天下"其实不够大，还有一个我们基本不了解的"世界"。这些人希望去认识这个世界，但当时的了解在今天看起来其实微不足道。例如，"佛郎机"究竟是指什么地方？当时很多人都认为西班牙也属于佛郎机，甚至更多的地方都是佛郎机，并不能解释清楚这个概念，但实际上它更多是"法兰西"的转读。经过了近一个世纪的努力，中国人才对那个曾经基本不了解的"世界"的大概情况有了一些了解。

尽管如此，中国自19世纪中叶以后所遭遇的一切，使国人在很长一段时期内关注的重点基本上是我们自己。也就是说，在面对越来越严重的存亡危机的时候，我们更多是在考虑怎样才能够救亡、才能够图存，基本上在考虑自己的事情。这样就把对外界的了解放到一边去了，或者是放到第二位，甚至第三位。在1949年以后的一段时期内，这种情况也没有得到根本性的改变，这与当时国内国外的整体环境有一定的联系。从国内来说，我们有很多工作要做，真的是百废待兴，我们需要花很大的力气去解决我们的经济问题、民生问题……当时大概是6亿人口，要让6万万人民吃饱饭，有衣穿，要解决这些基本问题。与此同时，国际环境非常险恶，我们是被包围的，随时可能被绞杀，因此基本上是一个封闭的环境。在这种国际环境下，我们也不可能有很多的机会或者说比较好的条件去了解外部世界。

所以，各种各样的因素都决定了我们对外部世界的了解其实相当不足，甚至是匮乏；国内外环境使然，我们也无暇对这个问题予以高度重视。但是在改革开放以后，随着中国的国际地位越来越高，随着我国的经济发展越来越快，也随着国际整体格局在发生重大变化，我们已迫切感觉到这种对外界所知甚少的状况远远不足以去应对现在所面临的各项任务以及各种情况。整个国家从上到下都开始意识到，并且强烈地意识到，我们必须"补课"。我们在这个方面欠缺太多，真的需要恶补，要好好补一下，所以我刚才用的这个词就是"补课"。但当我们意识到需要去恶补的时候，才发现我们的资源是不够的，我们的知识积累不够。现在，我们把区域国别研究这个问题提出来，而且从上到下都感觉到这个问题需要赶快去解决，否则的话会阻碍社会主义现代化建设，会阻碍中国的发展和前进的步伐，我们所经历的历史和面对的未来在这方面都给了我们足够的提示。但是仅仅意识到这一点还不够，我们必须采取必要的行动。我认为及时把"区域国别学"设置为《研究生教育学科专业目录》中"交叉学科"门类下的一级学科，是采取具体行动的重要一步，也是正确的一步。

刘军：谢谢钱老师。我记得改革开放初期，我们也派出了一些考察团，比如到东欧、日本等等这些地方考察，其实就是因为当时我们对外部世界所知甚少，为了"补课"而出去考察。现在我们也还是要补课的，也正在补课，所以区域国别学这样的学科设置是非常必要的。那么，在这些具体行动过程中，正如您也指出，"交叉"是区域国别研究的主要特征，这个"叉"出来的区域国别学作为交叉门类一个独立的一级学科，它会最终突破其他学科的影响而发展出自己独特的学科属性吗？作为独立学科进一步构建与发展的区域国别学应有怎样的学科自觉？应树立怎样的学科自信呢？

钱乘旦：我刚才说到我们确实很欠缺、需要去补课。我们最欠缺、最缺少的是什么？从现在的情况看，是人，我们缺少人才——缺乏在区域国别方面能够进行研究、能够去做工作的人，我们缺少的是这样的人。其他条件都好说。比如说我们曾经没有钱，现在有没有钱呢？当然不是很有钱，但经济不是大问题。我们曾经没有书，现在有没有书呢？我们有的是书，资料都是现成放在那里的。我们最缺少的是什么？我们最拿不出来的恰恰是人。你刚才提到我们派出考察团到不同国家，一个国家、一个地区地走一趟，去了解一些情况。这当然是一种解决问题的方法，也是在补课，但是短期地、走马观花地走一走不可能了解深层次的情况。我们必须去对象国，待在那里，要了解那个地方、知道那个地方究竟是怎样的，就要了解那个地方的人，要了解那个地方的自然环境，了解它的风物，了解人们的思维方式、生活习惯等等。那不是一两个考察团在一个月、半个月之内就能完成的，根本做不到，你非得去那里待着。可是你在那里待着，怎么待着呢？当然要有人在那里，有意识地去学习和观察那个地方，培养这样的人是当前最重要的任务。

这也是为什么刚才我说在《研究生教育学科专业目录》当中把区域国别学作为一级学科来设立是最重要的一步。中国教育体系的一个特点是学科制，在这个体系下，只有用学科这样的方式才能够把人才培养纳入到教育体系里面去，否则，说要进行研究，需要这方面的人，怎么呼吁都没用，因为没有培养这种人才的手段，在目前学科制体系下，只有纳入《研究生教育学科专业目录》才能培养人。所以就需要一个新的学科来培养从事区域国别研究的人，这是解决问题的根本办法。

这样的人怎么培养？前面已经说过：《研究生教育学科专业目录》、

学科制的出现非常重要，推动了我国现代教育体系的快速发展。但它也有缺陷，最大的缺陷就在于它把每一个学科固定化、"领地"化，相互之间不往来、不交叉，这是一个很大的缺陷。因此，在2020年底，教育部对《研究生教育学科专业目录》做了重大修改，就是设立一个新的门类，这个门类叫"交叉学科"。交叉学科门类的设置非常正确，而且也很聪明，它既没有破坏原有的学科制体系，避免产生混乱；同时又弥补了缺陷，帮助打破学科壁垒，提供相互联通的平台。

很多人特别喜欢提到一个概念，叫"学科边界"，但设立交叉学科门类的目的就是打破边界。有人问：区域国别研究这个学科的边界在哪里？我的回答是：交叉学科最大的特点就是交叉。什么是交叉？交叉就是突破边界，实行知识的交叉、方法的交叉、内容的交叉，否则怎么叫"交叉"呢？现在世界上几乎所有的突破性的科学发展，以及产生巨大影响的人文社会科学方面的新成果，都体现着学科的交叉，这已经是潮流了。恰恰因为突破了边界，才产生了最领先的科学成就以及重大学术成果，我们必须承认这个事实。因此如果有人问：人工智能的学科边界在哪里？国家安全学的学科边界在哪里？是物理学还是化学还是生物学？是公安学还是外交学或者农业生产、环境保护？能回答吗？如何回答？同样道理，区域国别学作为跨学科的交叉学科，它的特点就是突破边界，从而产生新的知识、形成新的领域。国人在这个方面确实认识不足，跟不上时代步伐。

三、学科设置与研究方法

刘军：是的，非常有道理。您所提到的区域国别学的人才培养以及学科边界的问题，给我印象最深的就是要理解交叉学科，其最大的特点就是交叉，最大的潜力就是突破边界。您曾有提及，区域国别研究至少由 10 个以上不同的传统学科构成，主要涵盖哪些学科？根据目前区域国别学一级学科的顶层设计，接下来如何推进二级学科的设置与建设？在学科体系和组织机构建设上，如何协调可能涉及的这么多传统学科？

钱乘旦："区域国别研究至少由 10 个以上不同的传统学科构成"，这是对我以前说过的一句话的误解。我曾经在一些场合提到过：如果区域国别学成为一级学科，那么按照现有的规定，各个学校若想设立这个学科，需要经过申请、评议、投票、审批等一系列程序，才能最终设立。我当时说的是：如果区域国别学成为一级学科，不能任何单位想设就设，尤其刚刚开始的时候需要严格把关，需要有一些基本条件。在这些基本条件中，有一个我认为是非常重要的条件，就是这所学校至少已经有 10 个不同的一级学科，才能得到申请这个新学科的资格。因为如果没有一定数量的现有学科的存在，怎么能形成"交叉"呢？也就是说，没有学科，何谈"交叉"？我当时说的是这个意思，并且以"10"这个数字来打比方，在中国语言中，"10"是虚化词，表示"多"。"已经有 10 个不同学科的学校可以去申请，只有 1 个学科就不能申请"，并不是说"10"是一个确定的数量。重要的是，交叉学科要以现有学科为基础、为支撑；准确地说，没有学科或学科太少的单位不能申请设立区域国别学学科。

那么，如何推进区域国别学的二级学科设置与建设？首先，从学科规范方面说，目前我们的《研究生教育学科专业目录》规定，一级学科之下设置二级学科，二级学科下面还有若干个方向。这是在我们建立学科制的时候就形成的规矩，时至今日也依然有它的生命力，因此当区域国别学作为一个新的学科出现时，也没有理由去破坏它。但是，这个规矩在几十年的学科建设实践中也发生了一些变化。比如一级学科和二级学科的设置一度都需要经过非常繁杂的步骤才能够得到批准并最终设立。现在二级学科的设置是开放的，申请单位有一定的自主权，因此二级学科已经不再是固定的；一级学科的设置也渐渐灵活，有一些公认的综合水平较高的学校可以自设一级学科。这些开放与灵活的出现也说明，在学科制建立以来的几十年实践中，人们逐渐意识到，学科制度的固化如果达到一定程度，不仅发挥不出推进学术发展的作用，反过来还可能成为障碍。

如果区域国别学正式成为一级学科，我认为，在开始的时候需要严一些，否则有可能出现一哄而起的乱象，会偏离我们的初衷，甚至南辕北辙。所以，应该在起步时严格一些，在找到正确的方向并且运行平稳之后，再慢慢松开。最初以严格的规范来使大家知道应该怎么做，在这一基础上形成一种自律。正因为如此，新学科下面的二级学科设置是需要考虑的，要有一些基本规范。关于二级学科怎么设置，现在已经有一些讨论。有的认为可以按照国家、地区去设置，例如设置欧洲研究、美国研究、日本研究这样的二级学科。但这种设置的弊病是难以全面涵盖所有国家和地区，世界上有200多个国家和地区，难道要设上百个二级学科吗？就算几十个二级学科也是不现实的。另外也有人提出按照专题来设置二级学科，我觉得这比较合理，也比较可行。

关于二级学科的设置还有很大的讨论空间。我认为，在思考如何为一个新学科设置二级学科时需要考虑以下几个方面。第一，新学科的理论方法和基本规范，例如，历史学必须要有史学史、史学理论，政治学也要有政治学的基本理论，这是设二级学科时必须考虑的一个方面。第二，综合考虑专题和国家、地区因素，例如有的二级学科以地区为依托，但是地区不能简单划分为中东、东欧、西欧、东亚、南亚……而是考虑更大的地区单元；或者将发达国家作为一个类型，发展中国家作为另外一个类型等等。第三，二级学科的数量不宜过多，否则由此带来的杂乱无章会最终使学科建设失去统一的标准，这对学科发展是没有助益的。这些是我对区域国别学二级学科设置的一些初步想法。

刘军：您刚刚强调了学科建设中理论方法和基本规范的重要性。那么，就区域国别学这一学科的交叉特征而言，除了多学科或跨学科研究方法以外，还有其他比较适宜的研究方法吗？中国在这个领域的学科建设上，可以或者应该向其他国家学习借鉴哪些经验？

钱乘旦：交叉学科的交叉特征，不仅体现在研究内容、研究课题上，在研究方法方面也有交叉特点。首先，我认为《研究生教育学科专业目录》上的很多现有学科的研究方法都可以运用到区域国别学的研究中来，经过一定时期的实践把它们融合起来，这也是交叉的一个重要方面，同时也是一个重要的特点。另外，文科以外的研究方法其实也是可以借用的。在我们刚才的讨论中已经提到，对一个国家或地区的知识积累，不仅限于我们一般所说的"文科"知识——需要的是全面而立体的知识积累。因此在一定意义上，理工科的研究方法其实也需要借鉴，但如何借鉴则需要经过一段时间的实践去逐渐摸索。

现有《研究生教育学科专业目录》上的学科，它们的边界都非常明确，从而方法也变得非常固定。例如政治学研究，现在国际学术界的政治学研究方法越来越倾向于定量式研究，就是以数据和事例去支撑模型从而证明结论。而历史学是一种实证的学问，需要在史料、事实中总结出某些见解，或者得出某些结论。政治学和历史学的研究方法有很大的区别，如果交叉了，选择哪一种方法更好呢？也许把这两种方法结合在一起才是更好的。这就是我所强调的交叉不仅是内容的交叉、课题的交叉,而且也是方法的交叉。

四、北大的思路与实践

刘军:目前,我国已有400多个教育部设置的培育基地和备案中心,还有相当数量已建多年的各校自设的区域国别研究中心。北京大学区域与国别研究院在推动全国区域国别研究方面做出了重要贡献,能否请您谈谈北京大学区域与国别研究院的运行模式、发展特色及培养宗旨?

钱乘旦:北京大学区域与国别研究院是2018年正式成立的,但意识到应当建立这样一个机构要远远早于2018年。北大有一个特点,就是做事再三思考。学校领导很有前瞻性,很早就意识到中国缺少对外部世界的了解。而关于如何弥补这一缺陷,却思考了很长时间,终于在2018年建立了区域与国别研究院,为北京大学提供一个平台,无论哪一个学科、哪一个院系,所有研究外国问题的工作都可以利用这个平台,相互沟通,打破原有的边界,完成一些有协调性的、互帮互助性质的研究课题。到现在为止,我们基本上是按照这样的思路在建设区域与国别研究院。

在建院之后的几年里,我们所做的工作主要包括以下几个方面:

第一项工作是培养人才。之前我们已经讨论过人才缺乏的问题,北京大学的校领导意识到这方面的人才太少——并不是说北大没有研究外国问题的学术力量,是有的,而且相当丰厚。但是这些力量分布在不同院系,比如有的在外国语学院,有的在历史学系,有的在社会学系,有的在国际关系学院,甚至公共卫生学院,虽然这个学院属于医科,但是有大量的研究各国公共卫生问题的人存在;环境科学与工程学院也有许多研究全球性气候、地区性自然环境的人。所以，研究外国问题的学术力量不仅在文科有，理工科也有，医科也有……他们分布在不同的领域、不同的院系、不同的学科，结果各自关注的就是本学科的内容、本学科的课题，做不到对一个特定国家或地区进行综合全面的了解，无法进行全面研究，得不到全面的知识。所以，我们搭建这个平台的第一步设想是，培养一种可以突破某一个学科限制、尽可能全面了解某一国家或地区的人才，这也是我们建院以后做的一项非常重要的工作，学校专门拨了招生指标，每年按照这个指标招收以区域国别研究为学科方向、学科定位的学生。

大家可能有一个疑问，培养出来的是什么样的人？如果要求他们对对象国有全面了解、全面认知，是不是成了"杂家"——什么都知道，但其实什么也不精通？我觉得如果处置不当，这种情况是有可能出现的。但我们的想法非常明确，我们培养的人，他必须有地域定位，而不仅是学术定位。什么意思？比如说，政治学培养的人，他是研究政治问题的，如果研究外国，他研究外国政治问题，未见得专门研究某一国家或地区的政治问题，多数情况是研究普遍性的"政治问题"；他的一篇文章可能讨论印度尼西亚政治问题，另一篇文章可能讨论美国政治问题。他只关心"政治"，而不关心地域。政治学是这样，其他学科差不多也是这样。

可是北大区域与国别研究院的人才培养方案，其学术定位是某个学科，比如政治学，或历史学，或社会学；但还必须有地域定位，比如东南亚、非洲，或中东，当然也可以是西欧或北美。所以在课程学习阶段要对这个国家、这个地区有尽可能多的全面了解，尽可能完备地积累各方面知识——从天文到地理、从物质到精神，尽可能做到应知尽知。在这个角度上他是"通才"，比如是美国通，或德国通，或埃及通、印尼通、巴西通等等。

然而仅有普遍性知识是不够的，一旦进入研究阶段，也就是进入论文阶段，就需要有具体的学科方向，这个方向就是他以后的专业，是学术方向。因此对这个学生来说需要有两个定位，第一是国别定位（或者地区定位），第二是专业定位（比如经济学、历史学、民族学、宗教学等等）；这两个定位是结合在一起的，方向十分明确。我们培养的人，应当既是通才，又是专才。这个难度很大，远远超出了我们现在任何一个单一学科的培养目标。但我们希望能培养出这样的人，只有这样的人才能胜任或完成我们国家现在所需要，甚至亟待有人去完成的那些工作和任务。而现在我们恰恰没有这样的人。最后，这个学生还需要有外语能力，不仅是英语能力，现在英语已经普及了；而是要掌握研究对象国或地区的语言。区域国别研究培养的人需要同时具备以上三项能力，显然对学生的要求非常高，培养的难度也很大。这是我们做的第一项工作。

第二项工作，平台建设。刚才已经提到，区域与国别研究院是全校性的学术平台，为整个学校包括北大的各个院系、各个学科研究外国问题的学者教师提供一个沟通、交流的平台，一起工作的平台，共同从事学术研究的平台。学术研究是我们工作的重要方面，我们会举办很多学术活动，会出版学术专著，也有学术期刊，这些都是围绕着学术研究展开的具体工作。学术活动是我们的一个工作重点，是很重要的工作方面。

第三项工作，智库建设。按照当前的国家需要和学校的工作部署，我们会参与到智库工作中，尤其最近两三年的进展比较明显，成绩也很显著。与国内其他智库有所区别的是，我们的智库工作既对上，也对下，不仅向各级党政机关提供咨询报告，同时也向国民提供各种外国相关的知识，使他们了解域外的情况或正在发生的事，我们认为这也是智库工作。在智库对下方面，我们做了很多工作，例如在《澎湃新闻》上有我们自己的专栏，建院4年来，已经有差不多600篇文章刊出，都是既有学术性又有普及性的文章。每篇文章大概5000字，针对某一个问题、某一个现象、某一个国家的某一些方面做讨论和介绍，非常受欢迎，点击量很高，已经超过8000万人次。这是智库工作。

另外，协助学校其他部门加强对外学术交流也是我们的一项工作。这些就是北京大学区域与国别研究院工作的一些基本方面和大致情况。

五、静观他国，立足社会

刘军：谢谢钱老师。虽然您说这是北大区域与国别研究院工作的一些基本方面，但已经涵盖了许多重要内容。尤其是您提到，要培养"既是通才，又是专才"的人才，尽管难度很大，但这样的人对我们国家、我们社会的发展的确非常需要。北大区域与国别研究院的具体实践值得我们学习。

现在普遍认为美国的区域国别研究做得好，但我认为欧洲起步要更早，并且有一定的经验积累，因为在欧洲对外扩张与殖民时期，美国还是一片大荒原。所以我想请问钱老师，在推进区域国别研究的过程中，有哪些国家的经验可以供中国参考和学习？您是国际国内享有盛名的英国史研究专家，我们也常常推荐学生阅读您的著作，包括日前跟学生上课讲到的《帝国斜阳》，也是您翻译的。您在英国史的具体研究中，有怎样的区域国别研究心得？就具体研究实践而言，如何平衡宏观层面与微观层面的研究？对于做好俄罗斯与欧亚地区研究，您有怎样的建议？

钱乘旦： 区域国别研究的学术史的确可以追溯到欧洲。因为当欧洲开始向海外扩张时，特别是在攫取了许多殖民地以后，欧洲人意识到，如果想要控制一个地方，必须了解这个地方——听得懂当地人说话，了解当地的物产、资源、历史、文化、思想……因此区域国别研究最早是在欧洲展开的，尤其是在英、法等殖民大国。所以后来也有了各种"学"的出现，如东方学、埃及学、亚述学、汉学等等，都是从欧洲流传出来的。

美国是后来发展的大国，20世纪之前，美国人对域外的世界没有太大兴趣，他们专注于自己的西进运动，开发荒原，所以一战结束后威尔逊在巴黎和会上提出的建议和想法，回国后就被国会否决了——当时美国人对外界没有兴趣。兴趣的产生是在第二次世界大战以后，作为一个拥有世界霸权的国家，美国当然需要去了解整个世界，区域国别研究也随之出现了——地区研究（Area Studies）这个概念就是在美国出现的。

从这个角度说，区域国别研究是大国的"奢侈品"。大国往往感到需要做，也往往有能力做，有迫切的需求。与此同时，它又是大国的"必需品"，对于一个在世界上有影响力的国家而言，区域国别研究实际上也是一个大国国际地位的学术支撑，这也是为什么我们现在需要"补课"的原因所在。

实际上，许多国家的区域国别研究都有值得我们学习的经验。欧洲、美国的起步都比我们早很多，日本的域外研究也十分成熟。明治维新以后，对外扩张的野心推动日本的区域国别研究发展。由于自身经济的发展和全球活动的增多，韩国对域外的关注度和研究水平在最近几十年里也有一定程度的提升。虽然印度、越南等国难以与前述国家相提并论，但是他们也都在做，在发展，这与他们的国家实力、国际地位的变化有关。因此，学习与借鉴优秀的经验很重要，我们不仅要关注美国、欧洲，还要有更宽阔的视野，其他国家的经验也值得我们学习，其中甚至有与欧美完全不同的地方。

"耐得住寂寞，坐得住板凳"，是欧洲、美国做得比较好的方面，许多学者不急功近利，不盲目追逐热点。区域国别研究需要花时间，需要花精力，需要在对象国长期生活一段时间，了解实际情况，在此基础上才能观察到真实的国情。我曾在一篇报告中看到，一位美国学者在湖南湘西一个彝族聚居区生活了6年，与当地居民同吃、同住、同生活，我相信，以此为基础对中国彝族的研究甚至可能超过中国学者。但我们也要看到，美国的区域国别研究也存在问题，主要是意识形态造成的。有时，意识形态就像有色眼镜一样，会使研究人员的观察与判断蒙上滤镜而失真。这是我们要引以为戒的方面。

另外，区域国别研究也是学习一个国家、一个地区的过程。不仅要从书本上学，还要在社会上学。有些学生到了国外，马上就泡在图书馆，而我们恰恰有一些评判的标准认为，一个学生到了一个国家哪儿也不去，就泡图书馆，表明他很用功、很好。他的确很用功。但是做好区域国别研究也要到社会上去——要跟当地人聊天，跟他们交朋友，去游历，去观察——需要"向社会学习"，这是毛主席强调的一种学习方法。从书本上学到的知识是别人写出来的，在社会中学习——观察、体验、调研……有助于将书本知识与实际情况相结合，形成自己的知识。我们在培养人才时也需要注重这一方面，这是我自己的体会。

刘军：谢谢钱老师。区域国别研究所需要的"学习"，无论对国家而言，还是对学科与个人而言，都是一门值得深入探讨的学问。最后，感谢您接受华东师范大学俄罗斯研究中心和《俄罗斯研究》编辑部的访谈，谢谢您！

关于区域国别研究人才培养的若干思考 *

"区域国别学"设置为一级学科，是学界近期热议的话题。关于是否设置、如何设置等问题，已经有很多讨论了，本文不展开；本文讨论区域国别研究人才培养的问题，因为一旦设置为一级学科，人才培养就是关键。事实上，要不要设一级学科，关键在要不要培养这方面的人，也就是说：国家是不是需要这方面的人，有没有这方面的人？如果需要同时又没有这方面的人，那就应该及时培养；而在我国现行教育制度下，所有人才的培养都必须得到学科的撑托，没有学科撑托，就无法培养任何人——至少是得到社会普遍承认的人。所以，把"区域国别学"设为一级学科，其目的不是开展学术研究，而是进行人才培养。在当前国内外形势下，我相信大家都同意应加强对外部世界的研究和了解，以应对急速变化的"大变局"。但要做到这一点就必须有专门的人，有专家做研究；现在我们最缺乏的就是这样的人，因此需要培养。区域国别学一级学科的设置，就是为了培养这方面人才。在现行中国教育体制下，没有学科就不能培养人；所以，要不要设一级学科的问题，在问题提出前就有答案了。

因此，我们应该关注的不是要不要设一级学科，应不应该设一级

---

* 本文根据作者在 2022 年 3 月 6 日"《国际区域学概论》发布会暨国别和区域研究人才培养研讨会"上的发言整理成文。

学科；而是怎么培养人，用什么办法培养人？这才是关键，也是本文讨论的中心。以下几个观点，与大家共享。

一、什么是区域国别研究

"什么是区域国别研究"是一个根本性问题，这个问题不解决，就谈不上区域国别研究，更谈不上为区域国别研究培养人才，所以先讨论这个问题。

在讨论"是什么"之前，先明确"不是什么"，把"不是什么"排除之后，剩下来才是"是什么"。目前，国内（甚至国际）学术界都存在同样情况，即对于区域国别研究"是什么"并没有共识；特别在国内，很多说法没有把区域国别研究是什么说清楚，相当一部分人乃至一般公众会将其等同于国际关系或国际政治研究，或等同于外国语言文学、政治学及其他学科研究。但区域国别研究恰恰不是这些研究，它不等同于现有《研究生教育学科专业目录》中的任何一个学科，也不是现有任何学科所能覆盖、能容纳的；它不是国际关系研究，不是国际政治研究，不是外国语言文学研究，不是历史学、人类学、社会学研究等等，都不是。那么它是什么？回答是：它和上述那些研究都有关系，但又不是所有那些研究的简单叠加，它是一个特定的学术领域，是一个交叉领域。

交叉研究在最近几十年中，在国际学术界特别是理工科已成为不可阻挡的潮流，在理科、工科、农科、医科等领域已经非常普遍。理工科发展到现在，如果不交叉就很难做出新的成就，也不可能有所突破。有很多研究课题，在以前被认为是专属于某一个学科的，但后来人们发现，研究越深入，越不可能专属于某一学科，因为仅用一个学科的知识或方法去研究某一个问题时，往往不能做全面，因而也就不深入。举一个例子，关于细胞研究，以前人们认为那是个纯生物学的问题，但后来发现不是这样，它除了生物学内容外，还包括固体物理、流体物理、有机化学、无机化学、植物学、动物学等等内容，甚至会和生物考古学有关，完全是跨学科和交叉学科的。同一个课题可以从不同角度切入，很难说隶属于哪一个特定学科。现在，理工科的交叉趋势已经非常明显了，交叉是常态和主流。推想到文科，文科要不要交叉？答案是肯定的，文科也要交叉，而且已经在交叉。以历史学为例，传统的历史学只做政治史、外交史、军事史，后来经济学、社会学的内容加进去了；再往后，生态学、心理学、文化学、人类学等内容也加进去了。新的历史学已经变成交叉的知识，而这些知识又成为其他学科的知识积累，助益于国际关系、国际政治、教育学、社会学等等研究。各学科的重叠交叉就形成了交叉学科，区域国别学就是典型的交叉学科，它需要多学科的知识支撑。

二、区域国别研究的对象和边界

区域国别研究的对象是非常明确的，它的研究范围以国别为基础，扩大到区域乃至世界。但对于每一个研究人员或研究团队来说，都不可能对所有国家或全世界做通盘研讨，因此，每一个研究团队或学者都有特定的地理空间范围，由此而形成对某个区域或国别的研究。但对任何一个区域或国别作研讨，其涉及领域仍很宽广，包括其政治、经济、文化、社会、军事、外交、人口、自然地理、资源、人力、政党、政治结构、民族、宗教等等，可谓"方方面面"，这才是真正的区域国别研究。由此可见，区域国别研究建立在多学科、跨学科知识的基础上，它不属于现有任何一个学科。

基于这种特性人们就会问：为区域国别研究而设的区域国别学，它的学科边界在哪里？这个问题对于中国学者来说似乎非常经典，是一个根本性问题，若解决不了，其他问题都不能解决。然而殊不知，这是个典型的"中国之问"，只有在中国现行学科制度的语境下才产生这个问题。其他国家不会把这个事情看得那么重，似乎不解决，任何事都不能做。在其他国家，虽有"学科"却没有"学科制"，学科与学科之间有没有"边界"并不重要，跨学科研究是很正常的，"边界"并不是"领地"。

然而在中国特有的学科制度下，"边界"就变得非常重要，每一个学科都应该有"边界"，没有"边界"，学科作为主体就不存在了。这个制度的缺陷是很明显的，它把学术分解为一个个"领地"。2020年国务院学位委员会设立新的"交叉学科"门类，就是要弥补这个缺陷，在中国现有的学科制度下解决多学科、跨学科的问题，而多学科、跨学科的研究是学术发展的方向。所以，作为交叉学科的区域国别学，与交叉学科门类下的其他学科（如国家安全学）一样，恰恰在学科边界问题上与现有《研究生教育学科专业目录》上的学科（如政治学、外国语言文学）是不同的，它的"边界"是开放的，如果边界像楚河汉界清清楚楚，那么如何交叉、如何跨越呢？跨学科和多学科的研究又如何开展呢？我上面举的细胞研究例子，一旦"边界"清楚，就没法进行了。交叉学科的特点恰恰是跨越边界、突破边界、实行交叉，其试图解决的问题经常需要跨学科的知识和多学科的方法，因此是多元体系的，这才是交叉学科的特点。所以，在讨论交叉学科时，如果以"边界"为议题，交叉就被否定了，它就不存在了。

回到区域国别研究是什么问题上：它是对某一个地区或国别通过

跨学科研究的方法，进行全方位的、全景式的、全息式的知识积累，以图对这个地区或国别实行全面的了解与研究；它是一种基础性研究，在这个基础上产生对这个地区或国别的全面、深入的认识，从而为社会的需要、国家的战略需要提供学术支持。

三、区域国别研究的人才素质要求

区域国别研究的人才素质要求，是"通才＋专才"。

"通才"意味着：对某一个地区或国别应该有全面了解，不仅对这个地区或国别的某一方面或某些问题有了解，具备一些知识；而且对那个国家或地区有完备的了解，这才是"通才"，也就是人们通常说的日本通、美国通、德国通，或柬埔寨通、尼日利亚通、委内瑞拉通等等。中国人常说：某某外国人是中国通；那么中国是不是也应该有"某国通"？所以，从事区域国别研究的人才，首先是"通才"。

在"通才"的基础上，他又是"专才"。所谓"专才"，就是作为区域国别研究学者，他对该国、该地区的某一个领域有深入研究，是这个领域的学术专家。比如对日本社会有深入研究，是日本社会研究专家；对泰国经济有深入研究，是泰国经济问题专家；等等。这种人是"专才"。

根据上述要求，区域国别研究的相关人才必须具备以下知识结构与技能：

首先，必须具备地区知识。比如研究中东地区，包括阿拉伯国家、伊朗、以色列、土耳其等，研究者以这些国家和地区为研究对象，就应该对这些国家或地区（例如阿拉伯地区）有充分的了解，具备充足的知识，包括自然环境、人文地理、政治经济、风情民俗等等。凡是这个地区（或国别）的知识，他都应该具备，做到应知尽知，能知皆知。

其次，必须精通专业知识。 至少精通一个专业领域，比如经济学，或社会学，或宗教学，或地理学、卫生学等等，成为这个领域的专家。新冠肺炎疫情出现后，各地区和各国采取的应对措施是不同的，为什么会这样？和各国、各地区的文化、历史、公共政策、政府能力等都有关；疫情流行证明了公共卫生学非常重要，因此这方面的专家也是应该培养的人。所以，专业知识不仅指国际政治、国际关系方面的知识，对区域国别学而言，它包括各领域。现在很多人把区域国别学等同于国际政治或国际关系，但区域国别学远不止于国际关系和国际政治，国际关系和国际政治只是区域国别问题的某些侧面。举例而言，澜湄合作是典型的区域国别问题，澜沧江－湄公河流域有好几个国家，都在流域范围内，研究国与国合作，涉及跨国家、跨地区的各种知识，不仅是国际关系，更需要地理学、生物学、气象学、民族学、历史学、宗教学、文化学、安全学等各方面知识，以及对各种问题的跨学科探讨。所以，区域国别学培养的人才，应该是"通才＋专才"。

再次，需要有当地语言能力。 区域国别学有确定的语言要求，就是掌握对象国或地区语言。比如说研究中东，至少应掌握一门当地语言，如阿拉伯语、希伯来语、波斯语或土耳其语。仅有英语能力是不够的，我们不能靠美国人或英国人提供研究成果，不能炒别人的冷饭。必须走到当地去，在那里有较长时间的生活或学习经历，体验当地的民心民情，翻看当地的书籍报纸，查找当地的文献资料——这就需要当地语言。即便在一个把英语作为官方语言的国家，也需要掌握当地老百姓的语言，否则就接触不到民间社会，看不到它的真实面貌。印度有几十种语言，还有几百种方言，正因为如此，印度以英语为官方语言（这是殖民统治的结果）。但如果真要把印度看透了、摸清了，仅有英语并不够。

最后，需要有当地生活或学习的经历，有深入当地社会进行研究的能力。与对象国语言同等重要的是在对象国生活或学习，应该有较长的生活学习经历。只有在当地长期生活，才能了解当地社会，才能对这个国家或地区有感性认知，而这些认知从书本上是得不到的。比如研究美国，不在美国生活就感受不到这个国家复杂而微妙的社会关系，也不明白美国人常说的一句话："纽约不是美国。"在当地生活或学习，让我们有机会走进当地人的心灵深处，而只有走进他们的心灵深处，才能真正成为"该国通"。

区域国别研究相关人才需配备以上四方面知识技能，四个方面是同时并举的，缺一不可。区域国别研究对人才的要求非常高，远远超出其他领域的要求。区域国别研究的人才培养难度很大，需要我们作艰巨努力。

以上几点想法是抛砖引玉，期待引起有意者共识。

中国特色区域国别研究人才培养之道
——北大的思考与实践 *

进入新世纪的第二个十年，世界迎来了百年未有之大变局，中国不断加快全方位对外开放的前进步伐，并日益走近世界舞台中央。在此背景下，我国积极促进学科交叉发展，推动区域国别研究，服务于国家战略。这对我国区域国别学的人才培养提出了新的要求。然而，在缺少一级学科的背景下，对于培养什么样的区域国别研究人才、如何培养这种人才，国内学界长期以来并没有明确答案，且缺乏共识。2021年12月，国务院学位委员会发布新一轮的学科专业目录征求意见稿，拟在"交叉学科"门类下新增"区域国别学"一级学科，这一举措将区域国别研究人才培养推上了新的起点。值此北京大学区域与国别研究院成立四周年之际，我们就本院的实践对上述问题进行再思考，并提出一些新的建议，希望能为新时代中国特色区域国别研究人才培养提供有益借鉴。

一、区域国别研究人才培养的困与惑

区域国别研究人才是什么样的？要回答这个问题，首先需要明确

---

* 本文首发于《北京大学校报》，第1608期第4版，2022年6月5日。作者：钱乘旦、兰旻（北京大学区域与国别研究院学术助理）

什么是区域国别研究。区域国别研究不是任何一个我们当前在学科目录中能看得到的单独的学科，它是交叉学科，是多学科和跨学科的研究。从概念出发，区域国别研究是对世界不同地区和国家的政治、经济、文化、社会、军事、人文、地理、资源等进行全面研究，具有战略性、综合性、对策性、实用性和即时性等特征。基于此，我们认为，区域国别研究的人才培养目标既是通才也是专才。主要包括三个层次：(1) 广布于社会的通识型区域国别研究人才；(2) 分布于各行各业的领域型区域国别研究专才；(3) 扎根于高校科研院所的"既通又专"的高层次区域国别研究专家。三种类型的人才既要具备地区/国别知识，也要有相关学科的专业知识，同时一定要掌握对象国（或地区）的语言，最后还应有在对象国生活的切身体验和经历。由此可以看出，区域国别研究人才的培养模式有别于现有学科目录上的任何一个单独学科，需要更为个性化、复合型、跨学科的培养体系和支撑体系。

在区域国别研究尚无独立一级学科的背景下，我国的区域国别研究人才培养一般以某个传统的一级学科为依托、以二级学科的专业为方向开展，比如在世界史、政治学等一级学科下设区域国别研究二级学科，来培养区域国别研究方面的人才；再比如在外国语言文学一级学科下设立相关二级学科，培养外语+地区+专业的"交叉型"人才；等等。这是一种变通的办法；遗憾的是，由于各高校区域国别研究的资源分布不均衡，相关领域的学术研究成果和人才储备严重不足；区域国别研究课程体系、教材体系、教学体系等支撑和配套设施尚未形成；加上人才培养经验不足，方向单一，这种培养方式是无法满足国家对区域国别研究人才的交叉性、复合性要求的。

二、探索创新型人才培养模式的思与行

2018年4月，北京大学区域与国别研究院诞生于燕南园66号院，成立之初，研究院就将探索创新型区域国别研究人才培养模式作为工作的核心内容之一。经过四年的思考与实践，目前已建立起"地区+语言+学科专业"的三模块课程体系，实行课堂学习与对象国实地研究相结合的学习方法。通过先接触多学科再精于某一领域的模式，培养既广泛了解对象国各方面知识，又对该国该地区某一领域及学术动向有深刻研究的交叉型、复合型人才，最终成长为有国际交往能力、潜心于学术研究、能够服务于国家发展需要的新型人才。

四年来，研究院已通过推荐免试和"申请－考核"制方式招收中东研究、俄罗斯－中亚研究、东南亚与南太平洋地区国家研究、南亚研究4个方向的近40名博士生。在课程设置方面，研究院为不同学科背景和基础的学生提供了个性化选择，结合区域国别研究跨学科、注重田野调查与一手资料搜集等特点，将校内现有相关课程与新设课程相结合，建立了一个有50多门课程的课程库，其内容涉及经济学、政治学、社会学、教育学、文学、哲学、历史学、管理学、法学、国际关系学、环境科学、公共卫生学、考古学等多个学科领域，学生可以在课程库内自主进行选择，最终确定自己的研究方向。在导师配置上，针对区域国别研究的跨学科属性，研究院聘请北大14个院系的近60位教师组成高水平跨院系导师团，指导学生撰写符合学术要求的学位论文。

在日常学习的同时，研究院还注重培养"双能型"人才，强化应用研究和实践能力。通过组建"燕南66优创"团队，引导学生开展公共知识产品、社会型学术产品、政策报告等方面的学术实习，培养学

生参与智库工作、转化学术成果，提升"研以致用、用以强学"的能力，强化服务国家的目标意识。此外，研究院还打通国内国际学术交流渠道，积极构建海外学习及深度田野调研平台，提升人才培养的国际化水平，此项工作得到国家留学基金委的支持。

总结以上做法，我们认为，新的人才培养体系使区域国别研究的人才培养实现从"小交叉"到"大交叉"的跨越，也是从平面结合到立体整合的提升。该体系有助于解决以下问题：一是进一步整合了分散在传统一级学科中的外国问题研究/区域国别研究力量，集中学科优势培养国家需要的复合型人才；二是进一步拓宽前沿学科领域，为实现人文社科与理工医农领域的"大交叉"提供参考路径；三是打破传统学科间的壁垒，推动区域国别研究的学科与教学体系建立，为新文科建设提供重要支撑。

三、中国特色区域国别研究人才培养的期与盼

自2011年教育部发起"国别和区域研究专项"以来，国内高校区域国别研究已取得显著进展，逐步形成基于学科发展、人才培养、智库建设"三位一体"的发展模式。人才培养既是学术研究的基础支撑，也是智库建设的内生动力，而对于人才培养来说，学科建设则是重中之重。2020年12月，国务院学位委员会、教育部决定设置"交叉学科"门类，一年后，国务院学位委员会发布新一轮的学科专业目录征求意见稿，拟在"交叉学科"门类下新增"区域国别学"一级学科。这既是落实习近平总书记"厚实学科基础，培育新兴交叉学科生长点"的要求，健全新时代高等教育学科专业体系的重要举措，也为解决长期以来区域国别研究人才培养面临的"卡脖子"问题提供了关键抓手。

新时期下，如何以学科建设为纲，加快推进中国特色区域国别研究人才培养，成为摆在学界和社会面前的新课题。为此，我们提出以下建议：

一是明确目标，加快构筑区域国别研究的"四梁八柱"。学科建设是人才培养的基础工程，对于区域国别研究这个新兴学术领域，我们要尽快确定它的内容与研究对象、二级学科设置、研究成果转化、学科评估体系等根本问题，为新学科搭建可持续的发展体系、明确其发展方向。

二是守正创新，探索中国特色区域国别人才培养的新范式。人才培养是新学科的核心任务，也是推动该学科持续发展的动力源泉。我们应以培育符合国家需要的"国别通""专业通""语言通"型人才为高要求，在借鉴传统学科人才培养模式经验的同时，创新探索更为科学的跨学科体系下的区域国别人才培养新范式。应进一步完善课程体系、教材体系和教学体系，推进相应的各种配套体系的整体发展。

三是研以致用，注重锻造一专多能的区域国别知识生产者。最近10年，我国区域国别研究的知识生产规模不断扩大，专业知识生产者的人数持续增长，但整体上其专业知识生产仍远远跟不上需求：一方面缺少区域国别的专业知识，另一方面也出现了劣质知识充斥思想市场、优质产品匮乏的现象。要解决知识供给难以满足知识需求和研究跟不上实践的矛盾，相关单位尤其是高校应该注重锻造既能进行基础研究，也能从事实际工作的"双能人才"；这些人既能跑田野、做学术，也能为国家战略出谋划策，或者从事具体工作。

四是凝聚共识，构建中国特色区域国别人才培养体系。回顾我国区域国别研究的发展历程，可以看到，它与历史学、政治学、外国语言文学、社会学、人类学、法学、应用经济学等传统学科有密切关系，这些学科提供的知识是区域国别研究的知识基础；并且它也与教育学、地理学、管理学、公共卫生、环境科学等学科有互动联系，这些学科有关外部世界的研究成果也会融入新学科的范畴中去。在新形势和新的共同目标下，各学科应当主动打破学科藩篱，加强跨学科交流，想国家所想，急国家所急，应国家所需，共同肩负起构建中国特色区域国别人才培养体系的责任，协同合作，推进我国区域国别人才培养的新变革。

浅谈区域国别研究中的国际发展合作*

各位领导、各位来宾，今天非常荣幸能够参加"中国与国际发展论坛"，我惊讶地发现这个论坛专门设置了"区域国别研究中的国际发展合作视角"分论坛，非常新颖和恰当，也是国家发展亟需的一个非常重要的议题。

我想先说几个自己经历过的小故事。

第一个是关于中国石油集团，我和这家公司有一些接触。在全国政协举办的关于区域国别研究调研会议上，中国石油集团的一位负责同志在发言中提到，从技术的角度说，中石油在石油的勘探、开采，以及其他技术方面的水平，已经达到国际领先水平，但是中石油的工作人员在外边经常碰到一些问题，那些问题不是技术问题，但确确实实影响了集团与所在对象国、对象地区的关系，当然也就会影响到集团在国外的业务活动。有些问题很严重，但是不知道怎么解决，原因是不了解所在国的具体情况。会议结束后，我立刻和中石油那位负责同志说：您刚才说解决不了的问题，我们大概能解决。他听了非常高兴，表示非常期待有人能够帮助他们解决。这样，我们就开始了长期合作，一直持续到现在，合作的效果非常好，他们给了我们一些研究

---

* 本文根据作者在 2023 年 12 月 16 日第四届中国与国际发展论坛"区域国别研究中的国际发展合作视角"分论坛上的发言整理成文。

题目,涉及中亚、非洲、南美、东南亚等多个重要地区,同时提出与这些地区相关的一系列问题,不是石油开采的技术问题。我们调动了多个院系的研究力量参与研究,甚至调动了校外力量。目前,这些项目正在进行中。这是一个故事。

第二个故事非常类似。在座的各位可能会知道,有一个非常著名的矿泉水品牌来自斐济,很多高端国际酒店里供应的都是这种水,而它是一个中国公司在斐济开发的。有一次,公司老总找到我们研究院,表示公司在当地的业务开展得很好,但是碰到一些根本没有办法理解和解决的问题,能不能请学者们提供一些帮助。我们说可以试试看,于是与斐济那边的中国公司也发展了合作关系。这是第二个故事。

第三个故事是这样的:有一次北京大学受邀到一个部委去谈问题,谈的过程中对方了解到北大有一个区域与国别研究院,结果对原本计划讨论的问题突然不感兴趣了,反而希望了解区域国别院的工作内容和研究方向。于是我们做了一些介绍,之后部委人员提出一些具体问题,问我们能不能够帮助解释?这些都不是技术问题,而是相关于人文社会。针对这些问题,我们说:可以试试吧。

这就是我在工作中切身碰到过的几件事。这几件事说明了什么?说明我们在开展国际交流、发展与合作方面,仅有技术是不行的,仅靠技术解决不了所有问题。很多问题不是用科学技术能解决的,而是依靠了解对方、了解它的人民和社会,相互理解、相互沟通,就是所谓"民心相通"。民心相通需要一个非常重要的基础,就是我们应该了解他们,他们也应该了解我们。

这样就切入今天的主题,即区域国别研究对于国际发展合作有什么意义,能起什么作用?讲几个问题:

第一，区域国别研究是什么？区域国别研究是一个实用性非常强的领域，不是坐在书斋里看几本书、在网上查一些材料就能解决问题的。区域国别研究要为现实服务，为解决现实问题服务。区域国别研究所服务的现实空间非常广阔，包括国家政治方面的需要、外交方面的需要、文化交流方面的需要，甚至于安全、军事等等各个方面的需要，当然也包括商务、经济往来，发展合作，等等。区域国别研究的现实性非常突出，服务空间非常大。

为什么要发展区域国别研究这样一个新领域，甚至受到国家领导的高度重视？原因就在于国家的需要，需要我们去了解外部世界，这是区域国别研究的一个基本任务，也是它的功能所在。所以，联系到国际发展合作，区域国别研究是为这个合作提供知识和思想支持的，是为它服务的。

第二，区域国别研究的任务是什么？区域国别研究的任务是通过多学科的合作、跨学科的研究，对世界不同地区和国家做深入的、细致的、全面的了解。这种研究所呈现的了解，就为我国各种对外的交流合作工作提供知识和学术的支撑。区域国别研究不是直接去进行某种对外的交流，但是可以提供知识和学术的支撑。至于提供给谁，提供给什么单位，我觉得对于所有涉及对外工作的单位，区域国别研究都是有能力为他们提供知识支撑和学术支撑的，这就是区域国别研究的基本任务。因此，区域国别研究是一个为用而学、而研究的领域，可以概括为"学而为用，学以致用"。

第三，关于国际发展合作。国际发展合作是当代中国面临的一项重要的、艰巨的任务，也是整个世界、整个人类需要的一项重要任务。所谓的国际发展合作不仅仅是经济方面的发展与合作，同时也是文化、社会的发展与合作，是人类全方位的发展与合作。如果我们仅仅把发展理解为经济的发展,这就有点片面了,应该理解为全面发展。

从这个角度去理解国际发展合作,其基本前提就是相互了解。没有了解就无法合作,双方一定是在彼此有了充分、全面的了解之后,才有可能谈合作。因此对于合作,不仅是我们对对方的意图、目标需要了解,还应该了解对方的文化、信仰、心理、政治制度、经济结构等等。如果能做到全方位、深层次的了解,合作就能避免很多困难和障碍。

但要想全面了解对方,当然就需要进行学习,需要有学术方面的支撑,而学术支撑来自哪一个学术领域?那就是区域国别研究。正因为如此,2022年9月,区域国别学被列入国家正式发布的新版《研究生教育学科专业目录》,一个全新的一级学科出现了。由此可以看出:区域国别研究受到了国家的高度重视。

综上所述,国际发展合作和区域国别学之间是有关联的,而这个关联需要我们主动地连接上。也就是说,这个关联本身是存在的,但是我们是不是已经把国际发展合作和区域国别研究非常好地,甚至很主动地连接起来了?我认为目前还没有。因此,今天举办的"区域国别研究中的国际发展合作视角"分论坛,议题非常好,抓住了一个非常重要的点。我非常感谢商务部国际贸易经济合作研究院做了这项工作,你们的学术嗅觉很灵敏,抓住了一个重要问题。

最后一个问题,正因为现在双方的连接,也就是学术和实际需要之间的连接还没有顺畅地建立起来,所以我想提出一个想法。到目前为止,中国对外部世界的研究状况怎么样?总体来说,虽然有很多成就,但仍存在非常严重的缺陷。最大的缺陷是什么?是我们对外部世界的研究不全面、不深入。

先讲不全面。第一,我们对世界整体的认识不充分,到目前为止,多数研究只集中在少数几个我们认为是重要的国家那里,如美国、日本等;对其他地区、其他国家很少研究,也很少了解。第二,研究内容集中在国际关系、国际政治或某些经济问题上;可是按照我们刚才说过的关于发展的理解,即发展不仅仅是经济发展,也是文化发展、社会发展、人文发展等等,那么,只对政治、外交、相互关系感兴趣,那就不全面了。

再讲不深入。不深入表现在研究经常停留在表面上,还没有发掘到更深的层次。对外研究究竟应该达到什么程度,才能算"深入"?我认为最重要的标志就是知道对方心里在想什么。如果知道他心里在想什么,而不是嘴上说什么,那就是"深入"了,深到他的心里了。

中国的对外研究尽管有很长的历史,也积累了很多成果,但不足以满足现在的需要,所以创建区域国别学是一个很重要的举措。但是这个新学科出现后,我们不能让它走纯书斋的路,也就是跑跑图书馆、坐坐冷板凳,看看书、查查资料——不能只走这条路;我们要走满足现实需要的一条路,要走"学以致用"的那条路,也就是为现实服务。区域国别研究是一个应用领域,这是它的本质。

今天这个论坛是由商务部主办的,我想提一个建议,我们能不能尝试走出一条产学合作的路?走一条商学合作的路?我觉得商务部可以在这方面做牵线人。本文开头说的三个故事中,都是双方相互沟通,可是对于大多数学者来说,不大容易找到沟通的对象。我想提议:商务部能不能做"红娘"?举个例子,我们的公司、产业等经济部门,可以拿课题来告诉学者他们需要解决什么问题,邀请学者帮助解决。可以用购买服务的方式进行合作,在世界其他国家,这种方式是很普遍的。

我曾经在一次非常重要的会议上提议,能不能建立一个全国性的区域国别研究基金,来发动社会力量进行支持。事实上,区域国别研究是非常"烧钱的",它需要把研究人员派到对象国进行长期"驻地",这就需要充足的经费,仅靠国家财政拨款是不够的。如果设一个基金,只要是有兴趣、有需要的部门、产业和单位,不论国营还是民营,都可以出资支持区域国别研究,而学术反过来支撑我们的对外交流,无论是经济交流还是其他交流。谢谢大家!

区域国别研究视野下的"欧洲研究"*

区域国别研究（Area Studies）是中国学术界方兴未艾的一个领域，与中国过去开展的域外研究并不相同，它有鲜明的目标、方法与要求。作为一个新兴的研究领域，目前国内学术界对它的讨论还主要集中在"国外研究现状"和"中国如何开展"这两大主题上。近年来，由于理论与现实的需要，人们对区域国别研究的重视程度日益提高，而欧洲研究如何开展，是否应纳入区域国别研究的框架内进行调整，便成为欧洲研究学术发展的方向问题。为此，本文提出以下观点，以就教于方家。

一、欧洲研究是全面的研究

在学术上，欧洲研究属于区域国别研究范畴，它的研究对象是作为整体的欧洲以及欧洲各国。其研究内容包括与欧洲及欧洲各国相关的所有问题。

以此为出发点观察中国的欧洲研究，其区域国别研究的性质就很清楚。它的目标是了解欧洲、看懂欧洲、研究欧洲和分析欧洲，为中

---

* 本文首发于《欧洲研究》2020年第4期，第138—150页，作者：钱乘旦、胡莉（北京师范大学副教授），此处未附注释。

国的"欧洲认识"提供学术积累，从而为中国各领域开展对外涉欧工作提供政策参考。为此，全面了解和尽可能多地认识欧洲就是欧洲研究的第一个目标，与对其他地区和国家的研究一样，欧洲研究首先要全面，也就是全方位地研究欧洲。

全方位研究欧洲体现在两个方面：第一是地理范围全覆盖；第二是研究内容全覆盖。地理全覆盖，意味着将欧洲的所有国家和所有地区涵盖在内，无论是东欧、西欧、南欧、北欧，或是英国、法国、丹麦、波兰……所有在地理上属于欧洲的地区和国家都应包含其中；内容全覆盖，意味着要把政治、经济、文化、社会、自然、环境、历史、民族、艺术、体育、民俗和民风等都作为研究对象，对欧洲进行全方位了解。简言之，中国的欧洲研究应该努力做到两个全覆盖。

用这个标准进行衡量，目前的欧洲研究还做不到，原因是欧洲研究尚待成熟。回顾欧洲研究在中国的发展，大体上经历了三个阶段：(1) 鸦片战争至新中国成立，出于救亡图存的目的，人们翻译了许多书，以借鉴欧洲列强成功的经验。翻译是这个时期的主要特点，尽管这期间也出现过一些国人的著述，但总体上说凤毛麟角，并且"研究"的色彩也很少。(2) 新中国成立后，"欧洲研究"逐步兴起，学术界对欧洲的研究日益增多，分布在不同领域，如历史学、文学、哲学和国际关系学等。"文革"之前，在周恩来总理的关怀下，教育部出面成立了一些专门研究机构，其中与欧洲有关的包括：北京大学外国哲学研究所、复旦大学资本主义国家经济研究所、中山大学英语和英美文学研究室、南京大学近现代英美对外关系研究室等。这些机构的主要任务是服务于国家的外交工作需要，帮助国家了解国外的动态走向，其工作的很大部分是翻译各种文献。(3) 改革开放以后，真正的研究工作得以开展，学术成果不断涌现。一方面，欧洲作为世界上最早进入现代化的地区,其经验与教训可以作为中国的借鉴;另一方面,国际形势的发展使中国必须重视西欧国家,因此需要了解欧洲。在此背景下,一批新的研究机构建立起来,其中包括中国社会科学院欧洲研究所、俄罗斯东欧中亚研究所等等;许多高校也在外界的帮助下建立了为数不少的欧洲研究中心,至少有二三十个。总之,改革开放以后是欧洲研究真正启动与大发展的时期,自那时起,中国有了自己的"欧洲研究"。

在此需要提到中国社会科学院欧洲研究所前任所长陈乐民先生,是他首先提出了"欧洲学"的概念,倡导建立中国的欧洲研究学术领域。在他看来,欧洲不仅是个地理概念,也是文化、文明、人群和认同观等;研究欧洲应将"文明"与"国际政治"结合起来,二者间的联结点是历史。在他的带动下,20世纪90年代的学者们对"欧洲学"的特点和任务进行讨论,指出其"兼有资料性与学术性、浅层性与深层性、单学科或单视角性与多学科或多视角性";研究内容应包括"政治、经济、社会和文化",研究方法"可以更多地运用比较研究和跨学科研究的方法"。就上述这些内容而言,已经很接近区域国别研究意义上的欧洲研究了。

但迄今为止这个目标并未实现,其中有历史原因,也有认识方面的原因。历史原因在于:当中国的欧洲研究起步时,欧盟曾向中国学术界提供大笔经费,资助各高校建立欧洲研究中心。欧盟的资助限定了各中心研究工作的重点——欧盟,这就把欧洲研究的范围和内容大大缩小了,将欧洲研究缩减为欧盟研究。一位英国学者在2009年就曾指出:"过去几年,欧洲研究名下的学术活动经历了某种危机,但与此同时,其分支部分欧盟研究却繁荣一时",结果便"从更具区域国别研究路径的欧洲研究转向了较为狭窄的欧盟研究"。这个说法正符合在中国出现的情况；虽说欧盟研究也是欧洲研究的一部分，但它不能取代欧洲研究，涵盖不了这个更广泛的领域。

由此而引发认识上的偏差，使许多学者感到研究欧盟就是研究欧洲，欧洲研究等同于欧盟研究。换个角度提问：英国研究算不算欧洲研究？法国研究算不算欧洲研究？俄罗斯研究算不算欧洲研究？似乎都不算，它们只能算对单个国家的研究，例如英国研究、法国研究、俄罗斯研究等；而欧盟研究却是欧洲研究，因为欧盟是整体，不是特定的国家，因此意味着"欧洲"。这样，欧盟研究好像就是欧洲研究了。

从另一方面看，即便欧洲研究可看作是针对一个个欧洲国家，人们的注意力也只集中在英国、法国、德国等几个大国，其他国家和地区很少有人涉猎。在中国学术界，很少或几乎没有人专门研究丹麦、瑞士、芬兰或克罗地亚，连意大利、西班牙、波兰、塞尔维亚这些更为重要的国家也很少有人问津。欧洲有几十个国家，而中国的欧洲问题专家却很少。人们提到欧洲，好像只有英国、法国和德国这几个大国；北欧、南欧似乎都不是欧洲，东欧更不是欧洲。如此误区是由我们的知识结构造成的，而知识的缺乏又是由长期的忽视形成的。如果说在过去封关自闭、不通有无的时代尚可理解这种现象；那么在中国走向世界、发挥更大国际作用的现在就不可忽视了。共建"一带一路"、构建人类命运共同体，都需要我们了解世界，而欧洲是世界上一个重要地区，如果对欧洲的认识都支离破碎，那么对世界其他地方又会怎样呢？

除了这种地理上的"瘦身"，内容方面也出现分解，这和中国的学科体制有关。改革开放之后，中国的学术研究蓬勃发展，各学科都出现生气勃勃的势头，学术成果也时时涌现，其中有许多与欧洲有关。但这些成果分散在不同学科中，由不同学科的学者们完成。结果，在中国现存的学科体制下，它们被看作不同学科的成果，分属于政治学、历史学、国际关系学、社会学等，而不属于"欧洲研究"。于是，一个完整的"欧洲研究"就被拆散了，分散在各个学科。陈乐民先生希望看到的整体性的"欧洲学"并没有建立起来；相反，人们的主要关注力落在国际政治和国际关系上，把这些认定为"欧洲研究"，其他和欧洲有关的研究就被分发到各专业学科去了，不被人们看作是属于欧洲研究。之所以会出现这种现象，是因为国际关系尤其是和中国相关的国际关系的现实需求大，从而引起人们的强烈关注。不过坦率而言，"国际关系"这个表面背后的因素确实太多，如果不把那些因素都尽量了解和考虑在内，"国际关系"是看不懂的。这就是为什么陈乐民提倡建立"欧洲学"，而不是简单地开展"中欧关系"研究。"欧洲学"（也就是欧洲研究）应该而且必须是全面的研究，陈乐民自己身体力行，做出过很大的努力。按照"欧洲学"的思路，欧洲研究需要有一个区域国别研究的定位，也就是在学科边界这个根本性问题上，承认它的跨学科性和多学科性，并且向这个方向发展。简言之，欧洲研究一定要走全面研究的道路。

二、欧洲研究是跨学科的研究

要走全面研究的路，就要把欧洲研究建设成跨学科的学术领域。跨学科是区域国别研究的基本特征，它打破了以学科分割为基础的知识体系，构建对一个地区或国家的全面认识。要做到这一点就必须借助多学科的力量，共同开展全面研究。因此，作为区域国别研究的"欧洲研究"应该是一个跨学科、多学科的领域，通过跨学科、多学科的工具达到对欧洲的全面了解。但遗憾的是，目前多数人将"欧洲研究"

理解为与欧洲有关的国际关系和国际政治研究,而这两种研究在中国现行学科体制中都属于政治学。由此,"欧洲研究"就变成"欧洲政治研究"了。

这种理解上的偏差表现在论文发表上,有学者对国内权威刊物《欧洲研究》在 2003—2007 年间刊出的 384 篇文章进行统计,发现属于政治学的有 245 篇,属于经济学的有 36 篇,属于法学和历史学的各只有几篇;此外,在某种程度上"跨学科"的有 59 篇,其中 55 篇是政治学与其他学科的交叉。进一步分析,发现所有 384 篇文章所使用的参考书,被引用 5 次以上的几乎是清一色的政治学著作,其中与国际政治、国际关系相关的约占 1/3;引用最多的 10 种外文著作中,有 8 种属于国际政治或国际关系。简言之,在 2003—2007 年间,《欧洲研究》发表的文章大多为政治学论文。这种情况后来逐渐改变,现在的《欧洲研究》设有两个主要栏目:一是"欧洲一体化",一般发表欧盟研究成果;二是"国别与地区",主要发表有关欧洲国家的政治、经济、法律与社会文化的研究成果。但尽管如此,情况并未发生根本性改变。根据"中文社会科学引文索引"(CSSCI)对 2007—2019 年《欧洲研究》所刊 667 篇论文的分类,其中政治学占 443 篇,高达 66%。而近五年(2015—2019)的学科分布情况是这样的:在 235 篇论文中,政治学 170 篇,经济学 30 篇,法学 7 篇,管理学 4 篇,历史学 2 篇,跨学科及其他 22 篇。出现这种情况应该有多种原因,但最主要的是人们没有意识到,所有对欧洲和欧洲国家的研究都属于"欧洲研究"的范围,人们的定式思维将其理解为欧洲政治或国际关系,这就把本应作为区域国别研究的"欧洲研究"缩小为政治学研究了。由此,参与到"欧洲研究"中来的学者就很少,范围就很小,稿源受到限制,很多人不认为他们做的是欧洲研究。久而久之,刊物变成了政治学专刊,反过来更使得"欧洲研究"缩减成"欧洲政治研究"。

其他刊物也是这种情况。《德国研究》是一本单一国家研究期刊，CSSCI对其近十年所刊论文进行统计，也显示政治学论文占比甚高，达到35%，324篇文章中有114篇属于政治学。如果将调查范围扩大到其他区域国别研究期刊，结果类似：据CSSCI统计，《西亚非洲》2009—2019年的159篇论文中，政治学有80篇；《东南亚研究》2009—2019年的789篇论文中，政治学占472篇；《美国研究》2009—2019年的426篇论文中，政治学有343篇。人们普遍把区域国别研究看作政治学研究，这就大大缩小了区域国别研究的范围。

以上事实不说明其他学科学者不研究欧洲问题，相反，像历史学、哲学、文学这些学科，一直在开展与欧洲或欧洲国家有关的研究。例如，英国史研究在中国有深厚的学术积累，也得到英国本国历史学界的认可，但它在中国的学科体系里不被认为是区域国别研究的一部分，相反它属于"历史学研究"。类似的情况在教育学、社会学、文学、哲学等领域也是一样的。中国学术界对俄罗斯文学、法国哲学、奥地利音乐、意大利美术等都有长期的了解与研究，高水平的成果也不少，但它们都不被看作是区域国别研究范围内的组成部分，而仅仅属于教育学、社会学、文学、哲学、音乐和美术等。人为的和体制的因素将作为区域国别研究的欧洲研究缩小为政治学研究，可见我们需要对什么是"欧洲研究"做学术定位。

那么"欧洲研究"的学科边界在哪里？我们的回答很简单：作为区域国别研究的欧洲研究包括对欧洲和欧洲国家一切问题的研究，因此也就包含了各学科对欧洲范围内各种问题的研究。这些研究就学科属性而言，分属于各学科，如历史学、哲学、文学和教育学等，但它们又都属于一个跨学科的共同领域即"欧洲研究"。只有把"欧洲研究"理解为对欧洲（及欧洲国家）的全面研究，才能真正在区域国别研究的意义上建立"欧洲研究"，或者说，建立陈乐民先生所说的"欧洲学"。这个目标不是一两个学科能够做到的，它有待于几乎所有学科的共同努力。因此，跨学科和多学科的研究合作是必要并且必需的，不仅文科之间需要合作，理工医农也都有其用武之处。例如，国内的农业贸易公司是不是需要了解欧洲的农业？中国的气象学家和地理学家也会对欧洲的气候和自然环境感兴趣。在跨学科的框架下，各学科的学者彼此合作，共同组建跨学科的研究团队，对欧洲进行全面的研究，可以取得难以想象的成果。同时，不同学科的学者在相互交流中受到启发，会在本学科的研究中加入其他学科的思想与方法，从而丰富本学科的内容。总之，跨学科与多学科的研究是区域国别研究最大的特点，欧洲研究并不例外。不同学科从不同角度研究欧洲，却只有一个共同点，即研究的对象是欧洲，这就是所谓的"欧洲学"。所有研究成果加在一起，就形成一个完整的欧洲知识体系，这就是我们说的"欧洲研究"。

为进一步说明这个特点，我们不妨了解一下国外成熟的区域国别研究在学科交叉方面达到了什么程度。下表是哈佛大学费正清中国研究中心研究人员的学科分布情况，这个中心是举世闻名的中国研究机构，是一个典型的国别研究中心。笔者对该中心现时（即本文写作时）研究人员的学科分布状态进行统计（见下表），结果让人大为惊讶，确实是长了见识：如此大跨度的学科交叉不仅囊括了几乎所有文科，而且有理工医农参与其间，所有这些学科只有一个共同点，即它们都研究中国。

哈佛大学费正清中国研究中心研究人员学科分布情况*

所属学科	职务						合计（201人）	百分比
	教授（34人）	荣誉教授（7人）	研究员（134人）	副教授（2人）	助理教授（5人）	讲师（4人）	访问学者（15人）		
政治学	5	2	30		1	1	4	43	21.39%
军事学			1					1	0.49%
历史学	5	2	28		1		2	38	18.9%
经济学	2		17				3	22	10.95%
管理学			2	1				3	1.49%
文学	6	1	19	1	1		2	29	14.43%
语言学	4					1	1	6	2.99%
新闻学			4				1	5	2.49%
法学	2		2					4	1.99%
社会学		2	12		1	1	1	17	8.46%

* 本表为笔者依据哈佛大学费正清中国研究中心官网所载信息制作而成。

续表

所属学科	职务						合计 (201人)	百分比
	教授 (34人)	荣誉教授 (7人)	研究员 (134人)	副教授 (2人)	助理教授 (5人)	讲师 (4人)	访问学者 (15人)		
人类学	5		1			1		7	3.48%
哲学			5					5	2.49%
宗教学	1		4					5	2.49%
教育学			1				1	2	1.00%
考古学			1					1	0.49%
公共卫生	2		2					4	1.99%
生物学			1					1	0.49%
环境研究	1		3		1		1	5	2.49%
科学史								1	0.49%
建筑学	1		1					2	1.00%

这就是西方国家区域国别研究跨学科的典型案例;而类似的机构,目前在中国尚未出现。

三、欧洲研究要深入实地

深入实地进行研究是区域国别研究的又一个特征,这一点已经得到大多数研究者的认同。所谓深入实地,就是到研究对象国长期生活,下沉到社会中去,了解当地的民情风俗、文化人心。仅从书本了解对象国是远远不够的;即便在对象国长久居留,但只在书斋,远离当地人而不知其风物地理与心态习性,仍难有效果。不要以为人文学科如哲学、文学、历史学只需要读书、查资料就可以了,"田野"工作只是社会科学的事。事实上,人文学者若不知道对象国的"人"和"文",如何能真的看懂它那个"国"?

实地研究在西方早期对外研究中就被高度重视,18、19世纪欧洲列强对殖民地的研究以及二战后美国对亚洲、非洲、拉丁美洲的研究,都建立在实地研究的基础上,都有一批长期在对象国生活和工作的人。他们运用人类学、民族学、社会学的基本方法,对对象国的文字、文献、文明进行研究,努力用"他者"的眼光观察"他者",做出了一批有影响的成果,如本尼迪克特的《菊与刀》、费正清的《美国与中国》等等,都是中国读者耳熟能详的作品。这些作品体现了区域国别研究中"我者"对"他者"的研究优势,而这种优势只有通过深入实地做研究才能获取。

实地研究意味着从事区域国别研究的人需要具有在对象国长期生活、工作、学习和交流的经历,能够直观感受对象国的方方面面,能够对当地人的思想与生活拥有深刻的理解,对某些特定的问题进行"参与式观察",做一名"入戏观众"。形象地说,做区域国别研究,要能够"闭着眼睛都知道他们想说什么、想做什么",而没有深刻的了解,是做不到这一点的;所谓了解,只能通过在对象国的长期生活才可能实现。

以此观察中国的欧洲研究,自改革开放以来在实地研究方面已经取得可喜进展。目前从事欧洲研究的人,大多都能在国内外各类资金的赞助下前往对象国生活和工作一段时间,通过查找资料、访学、交流等各种形式,对对象国进行直接的观察,甚至做"田野考察"。因为有这样的条件,在改革开放以后的几十年中,欧洲研究无论从广度还是深度方面都取得很大进展。例如,中国人类学过去只研究国内而不研究国外,现在则以海外民族志的方式加入到欧洲研究中来。海外民族志旨在"理解这个国家的人民,各种不同类型的社会群体各自的角色和作用,理解他们的行为、情感与态度"。这正是区域与国别研究所需要的实地工作,施用于欧洲研究,则必将扩大欧洲研究的视野。

不过出于各种原因,欧洲研究(及其他区域国别研究)在实地研究方面仍需大大加强;可以说,实地研究是中国区域国别研究特别欠缺的一环。按照区域国别研究的本性,从事欧洲研究的人——无论是从事理论研究还是从事实证研究,也无论是从事国际关系研究还是从事对象国内部事务研究——要尽可能浸入当地,以"他者"的眼光来观察"他者",体察对象国人民的所思所想及其原因,然后再回到"我者"的立场进行总结。而目前,尽管越来越多的研究者能够获得出国做研究的机会,但其中以短期居多,长期的浸入仍然很少,下沉到社会底面的就更为稀少。相比于一些欧美学者的实地研究,中国学者做得还远远不够。前些时候曾见到这样一个报道:一位美国女学者在中国湘西大山里居住了6年,和当地人生活在一起,为的就是做一个有关当地"少数民族"的人类学研究。反观中国学界，类似的例子应该没有，国内从事欧洲社区研究的人非常少，即使有也主要集中于华人群体，而缺乏对当地人的实地考察。许多研究者仍然依托于文本分析及逻辑推理，靠文献和理论建模做研究工作。文本研究当然是需要的，但这只是研究工作的一部分，不能代替实地研究。

因此，未来的欧洲研究应该加强实地研究。实地研究不仅有利于更加真实地认识对方，还能将"我者"的立场与"他者"的立场兼顾起来，通过二者之间的对话，产生重大学术成果，并充分发挥区域国别研究的现实关怀作用。

如何加强实地研究？首先要改变人们对实地研究的认识，充分意识到实地研究的重要性，自觉追求实地研究。中国文人传统，重文本而不重"田野"，重圣人而不重实事，有浓厚的脱离实际的倾向，"八股取士"即是其集中表现。但这种倾向在现代不可取，因为大家都明白：是理论来源于实际，而不是实际来源于理论。这几十年，学术界（不仅是中国学术界，外国学术界也一样）形成一种风气：写文章先拿一个理论模型，然后找几个案例往里塞，依据理论去寻找案例，塞进去之后文章就写成了，这就叫"按图索骥"。这种研究方法不符合人类的认识规律，因为认识是从现实来的，在事实的基础上才能构建理论。实地研究就是对事实的了解和考察，没有实地观察，就很难判断书本的真伪。区域国别研究（包括欧洲研究）必须建立在实地考察的基础上，仅从书本了解欧洲是不够的。

其次，加强实地研究也是欧洲研究的真切需要，缺少实地研究，则很难将研究做深入。当前，全球化已经深刻改变了人们关于"国家""地区""民族"等的看法，欧洲已发生深刻的变化并继续发生变化。这些变化只有通过实地研究才能体会到。欧洲的难民问题是个极好的例子，不在现场，很难知道它的确切情况。同样，对欧洲许多国家都存在的少数族裔问题进行研究，也必须通过实地考察才能了解少数族裔的身份认同、生存处境以及与本地主体族群的关系等。再如，欧盟内的"边境"问题：从理论上说，欧盟内部不存在边境，但一旦遇到重大危机（例如新冠肺炎疫情），"边境"就重新出现了，为什么这样？这些问题不通过实地研究是很难说清楚的。

总之，实地研究是把区域国别研究做深、做透的必由之路，也是产生原创性成果和有影响成果的根本路径。未来的欧洲研究一定要通过实地研究开创新的局面，产生出更多有价值的成果。

四、欧洲研究要有语言基础

语言是区域国别研究的基本要求，掌握对象国语言是研究一个国家或地区的基本功。因此，"外语"绝不仅仅是英语，把法语、俄语、德语、西班牙语和阿拉伯语这些在世界范围内使用较多的语种加在一起，也仅仅是"外语"中的一小部分。一般估计，世界上有数千种被人们日常使用的"活"语言，还不包括可以被看作准语言的"方言"。欧洲有三大语族：日耳曼语族包括英语、德语、弗兰德语、荷兰语、斯堪的纳维亚语等，拉丁语族包括法语、西班牙语、葡萄牙语、意大利语和罗马尼亚语等，斯拉夫语族则包括俄语、乌克兰语、白俄罗斯语、波兰语和塞尔维亚语等等，可见欧洲语种之多。用哪一种语言研究欧洲？按照区域国别研究的要求，研究哪一个国家，就需要懂得那个国家的语言。除此以外，因为英语是国际通用语言，所以英语又是所有欧洲研究的共同"外语"。

这个特点决定了区域国别研究的语言要求很高，从事该领域研究的人，除了要掌握国际通用语言英语之外，还应该掌握对象国的官方语言或通用语言。很难想象仅用英语就可以研究德国、法国，更不用说研究波兰和希腊了。因为对任何一个国家进行研究，都必须能看懂当地的书籍报纸，能使用当地的图书馆、档案馆，并且还要能够做实地工作，能与当地人交流沟通。语言之重要，在发达国家的区域国别研究中得到高度重视，比如美国在开展区域国别研究的初期，就在各高校开设了83种非通用外语课程。

从语言能力看，中国的欧洲研究显然强于对世界其他地区的研究，因为英语、德语、法语、俄语、西班牙语一直是我国高校的"外语"语种，许多大学外语系都开设这几种语言，培养了很多人才。所以要求研究者用这几种语言研究相关的对象国，并非不可能做到。即便如此，目前中国的欧洲研究（其他地区的研究也是这样）仍存在语言与研究分离的现象。换句话说，有语言专长的人不进入区域国别研究，从事区域国别研究的人缺少对象国语言基础（英语除外）。在区域国别研究中，语言与研究分离的现象相当普遍，在一定程度上也很严重。例如，对2009—2019年波兰研究方面论文的统计显示，在《俄罗斯研究》和《俄罗斯东欧中亚研究》两份杂志所刊10篇论文中，引用最多的是英文与中文文献材料，还有少量俄文文献，使用波兰语文献的论文极少，仅有1篇。这种情况明显影响了研究的质量，也很难使波兰研究得到真正的发展。

即便对意大利、西班牙这些西欧重要国家的研究，现有大部分论文仍以使用英文文献为主，很少使用对象国文献。这种情况意味着，研究在很大程度上依赖英美等国学者的成果，而使用的文献基本上属于二手资料。且不论这些文献经过一次语言转换是否准确或是否被筛选过，仅从研究倾向方面说，就很容易受到（甚至摆脱不了）那些二手资料的影响,因此很难做到客观与真实。中国的区域国别研究要为中国服务,建立在英美文献基础上的研究很难达到这个目标。所以,看上去只是语言问题,但能否用对象国语言进行研究,结果却是有天壤之别的。

这一局面的形成与中国国情背景下的外语教学及区域国别研究发展有关。从19世纪末中国开始有意识地学习"外语"以来,英语一直是主要语种,在很长时间里,中国人几乎把外语等同于英语。虽说德语、法语和俄语也在不同程度上被学习和教授,但都被视为"小语种",不大受人重视。进入大学涉外领域(如国际关系、国际政治专业等)学习的学生一般只接受英语训练,鲜有学习其他语种的。外语系学生,如果专业是德语、法语和俄语等,其学习课程差不多就是"语言文学"(从"外国语言文学系"这个名称就可看出来),鲜有涉及其他领域的(如外国社会、西方经济思想等)。如此就把语言学习与国别研究分离开了,学语言的不做国别研究,做国别研究的只使用英语。加之中国长期不重视那几个"大国"之外的"小国",所以"小国"语言始终没有被提上教学议程。造成的结果是,就欧洲研究而言,英国研究基础最好,研究相对更深入;德国、法国、俄罗斯次之,研究成果还算多;至于其他欧洲国家近乎属于"空白地带"了,如此现状应该引起高度警惕。

前文提到欧洲研究应该是"全覆盖"的研究,之所以尚未做到这一点,其实是和语言能力有关联。所幸的是,国内已经意识到这个问题的重要性了。近几年来,国家主管部门已要求相关高校对世界各国通用语言进行"全覆盖",相信在这个要求指引下,中国的外语能力会有几何级提升。

尽管如此,仍然存在语言学习与区域国别研究分离的问题。分离状况若持续下去，仍旧不能促进区域国别研究的发展。我们希望看到语言与研究的有机结合，结合的关键在于人才培养模式的创新。区域国别研究应作为一个专门的领域培养专门的人才，比如欧洲研究，需要从硕士生层面开始培养人，在培养时就把语言训练和专业学习结合起来，使其在学习阶段就能同时掌握两方面能力。这种培养模式在欧美国家早就有了，我们可以借鉴。中国的人才培养模式需要做一些调整，尤其是高端人才培养。就区域国别研究而言，专门的人才培养已经刻不容缓。

总之，作为区域国别研究的欧洲研究，未来需要向这四个方面努力：(1) 明确全面性的研究定位；(2) 调动多学科的学术力量；(3) 树立实地研究的方法路径；(4) 使用对象国的语言工具。需要注意的是，区域国别研究的充分发展建立在专业研究队伍的基础上，没有专业人才的支撑，以上四个方面都很难做到。因此，欧洲研究从现在起就要着力培养相关人才，根据区域国别研究的要求与规范，培养目前还缺乏的专业人才。

第三部分
落地时代

背景说明

2022年9月13日，新版《研究生教育学科专业目录》正式发布，区域国别学被确认为独立的一级学科，列于"交叉学科"门类之下。关于区域国别学是不是一级学科的激烈争论戛然而止，尘埃已经落定。但新的情况立刻出现，人们的注意力很快转向如何设立一个新的博士点，而无论之前是赞成设置新学科还是反对设置新学科的人，都开始为争取设点做准备。至此，有一个共识总算形成了，那就是区域国别学是一个一级学科，木已成舟了。

接下来的问题其实更严重，那就是如何建设这个新学科。新学科之新，恰恰表现在大家都不知道应该如何做：二级学科怎么设，学生怎么培养，培养目标是什么，培养方案在哪里，课程体系如何定，学生应学哪些课、怎么学，等等。还有，学科对学生究竟有什么要求，区域国别学和以前就存在的那些老学科（例如国际关系、世界历史）之间是什么关系？这些都是需要解决的问题，而这些问题都找不到现成的答案。以下几篇文章就是针对这些问题做出的回应，回应中提出的中心观点是：区域国别学的任务是培养人，这些人应该是"通才＋专才"；这类人如何可以培养出来，他们应该具备怎样的素质等等，都是文章讨论的主题。

论作为学科的区域国别学*

区域国别学是不是一个学科？它的核心理论是什么，边界是什么？说句实话，这些问题只有中国人才会问。把这些问题拿到国外去，对方会觉得很奇怪，他们没有这些概念。因为中国人说的学科，和外国人说的学科不是同一个东西，外国人说的学科就是一个领域，大家都觉得有兴趣，有人做学问、做研究，有人写书、写文章，有人做实际工作，那就是一个学科。但在中国不是这个意思，中国的学科是在教育部公布的《研究生教育学科专业目录》上，用红头文件盖章的一些条目，是招生、培养研究生的依据。

中国的学科和外国的学科是不同的，你问它是不是一个学科，严格来说区域国别研究不是学科，是领域，我在北京大学《区域国别研究学刊》创刊时写过一个发刊词，当时我说，区域国别研究不是学科，是领域。但在中国学术环境下想把这个领域做好，就要按照国家的规定把它做成学科，这是我们都明白的。为什么必须是学科？因为在中国的学科体制之下，没有学科就没有办法培养人，不培养人就没有办法做研究，不做研究就什么结果都没有，于是谈不上区域国别研究，这是非常简单的逻辑，也是中国的特殊情况。由于这种特殊情况

---

* 本文首发于《区域国别研究学刊》"区域国别学研究与学科建设笔谈"，2023年第5期，第7—10页。

才会产生区域国别研究是不是学科的质疑。

不管是不是学科,现在已经是了,因为它已经被列入教育部公布的《研究生教育学科专业目录》,而且放在新出现的交叉学科门类里。这个定性非常清楚:第一,它是一个学科;第二,它属于交叉学科。区域国别学是不是学科的问题已经不需要讨论了,讨论这个问题已经没有意义。接下来的问题是:为什么要把它确定为一个学科?原因是我们在这个方面太缺人,需要培养,而培养人就必须要有学科。我们对外国的了解太少、太不够。在西方国家中,中国最早试图去了解的对象是英国,原因大家很清楚,因为英国把中国打败了。经过一百多年的积累,中国对英国的了解比较集中,也比较全面;但即便如此,我们对英国的了解仍然没有达到必要的高度。

对多数中小国家,比如柬埔寨、老挝、厄瓜多尔或者洪都拉斯,我相信国内几乎没有人在做专门研究。会有人研究东南亚或中美洲,但会不会有人专门研究柬埔寨或厄瓜多尔、洪都拉斯呢?大概率没有;只会把它们放在东南亚或中美洲的范围里说一说。为什么是这样?其中一个重要原因就是没有人。但为什么没有人呢?原因很简单:因为没有培养。这个问题是很严重的,所以为了扭转这个局面,就需要一个学科。这是我想说的第一个问题。

第二个问题是:"区域国别学"和"区域国别研究"是不是同一个概念?我相信在多数人头脑里它们是同一个概念,是同样的东西。我不认为是这样。我认为区域国别研究是一个领域,而区域国别学是一个学科。学科和领域不能画等号,学科的任务是培养人,领域的任务是做研究。教育部在改革开放之初设立了学科制,目的是培养人。那时,改革开放刚开始,中国在各个方面、各个领域都出现人才短缺的现象,因此需要有一个机制去培养人,把人培养出来,学科制就是这样出来的。四十年来，学科制起了非常大的作用，那么多的人培养出来了；但就区域国别研究这个领域而言，一直到去年为止都没有学科，所以在这个领域中没有办法培养人，结果就是我们对外国的了解和研究极其匮乏。为了扭转这个局面，就需要设置一个独立的学科，它的任务是培养专门进行区域国别研究的人。一定要牢牢把握住这个基本任务，一旦明确了这一点，其他很多问题就能解决。但这个学科应该培养什么样的人呢？关于这个问题，教育部的学科目录说得非常清楚，它把区域国别学放在交叉学科门类里，应该培养学科交叉型的人才，这些人必须具备交叉能力。交叉能力首先体现在知识结构上是交叉的，不是过去那样的单学科知识结构。比如一个学历史的人，有历史知识就可以了；但对区域国别学的人才来说，仅仅有历史知识就不够了，应该有交叉的知识，有全面的知识。这是我们在讨论区域国别学人才培养时的基本要求，即他们的知识结构是交叉的，是全面的，是对某一个地区或者国家的知识整体的了解。

接下来的问题是这种人如何培养，如何落实到具体的步骤上、内容上？首先，需要确定给学生开什么课。举例来说：如果一个学校把区域国别学的人才培养交给国际政治系，让学生都去上政治学的课，这行吗？我认为不行。如果另外一所学校完全按照外语类人才培养的方式，让学生全都上外语类课程，这样行吗？我认为也不行。如果第三个学校，区域国别学的学生只上历史课，上世界历史的课程，那样行吗？我认为也是不行的。区域国别学的课程设计要体现交叉性，体现融合性；没有交叉和融合的课程，怎么能培养出交叉的人才？那是不可能的。因此，一旦某个学校设置了区域国别学一级学科，它就要立刻拿出一个课程体系，一个课程表。这个体系不是现在已经有的任何一个一级学科的课程体系，而是专门为区域国别学制定的，应该体现学生学习内容的交叉性。想要培养交叉的人才却没有交叉的课程体系，在逻辑上是说不通的。

其次，要培养交叉型人才，关键在编写好的教材。区域国别学教材必须具有交叉的知识体系，有交叉的知识内容。只有教材体现交叉性，人才才可能成为交叉型。现在，我们每一个学科都有自己的教材，都很专业化。区域国别学也需要有自己的教材；若只有国际关系教材，或者外国文学教材，或者外国历史教材，或者是外国社会学教材，那是不行的。用现有单学科的教材去培养区域国别学的跨学科人才是行不通的，如果出现这种情况，那么区域国别学一级学科就等于没建。

然后是语言。区域国别学是涉外研究，外国语言就很重要，但问题出在用什么外语进行研究，单用英语可以吗？对那些英语是母语的国家来说，比如英国、美国、加拿大这些国家，马马虎虎还基本可以；而研究其他国家和地区，比如柬埔寨和阿根廷，只懂英语就远远不够了。研究印度的只懂英语可以吗？理论上似乎可以，因为英语是印度的官方语言；但我们知道印度有几十种语言，几百种方言，只懂英语就无法渗透到社会中去，只能够看看英文书报，这是不够的。研究任何一个国家都必须懂当地语言，否则就"走不进去"，无法了解当地社会。只懂英语很难做出像样的研究，拿不到一手材料，无形中就成了美国或英国意识形态的传声筒，最多就是"炒冷饭"。所以语言必须是当地语言，英语要不要？当然要，英语作为目前全世界的通用语言是必须掌握的，但只有英语是不够的，要掌握当地语言。

与此相关的是切身经历，如果我们真想知道那个国家或那个地区的真实情况，老百姓心里在想什么，国家发生了什么，出现了什么问题，那就需要真正走到对象国去，在那里生活和学习。研究东南亚不要总想着去美国或其他西方国家,而应该到东南亚去,在那里扎根。现在很多年轻人出国,第一个对象是美国,第二个是英国,再不行就是澳大利亚和新西兰,这种倾向应该扭转。做区域国别研究需要有个硬性规定,也就是研究哪里就应该到哪里去生活和学习一段时间,否则应视为不合格。

最后是拿什么学位?按照现在教育部公布的学科目录,所有交叉学科后面都有一个括号,说明该学科可以授予的学位种类。区域国别学也有个括号,表明它可以授予法学、文学、历史学、经济学学位。但是这有点奇怪,因为有可能出现一个学校培养出来的区域国别学专业学生拿到的是"法学博士",另一个学校授予的是"文学博士",还有的可能是"历史学博士"或"经济学博士"。我们知道,学物理或化学拿到的是"理学博士",学工程或计算机拿到的是"工学博士",学英语或法语拿到的是"文学博士",因此区域国别学学生应该拿"交叉学科博士"——也就是按"门类"拿学位。否则会出现很奇怪的现象,举例来说:两个学生都被授予"经济学博士",其中一个学生学的是"经济学",另一个学生学的是"区域国别学",这两个"经济学博士"的区别在哪里?如果有区别,那么区别体现在哪里?如果没有区别,那么"经济学"和"区域国别学"还有没有区别?在这种情况下,"区域国别学"一级学科事实上就不存在了,它已经被经济学"吃掉"了。如果是这样,那么为什么要设"区域国别学"一级学科呢?

以上意见抛砖引玉,供学界思考。

区域国别学学科建设任重而道远 *

区域国别学正式成为一级学科，学界深感振奋，视此举为国家之所需、国人之所盼，故呼应者众，有闻风而动之势。然而一个新学科出现，应充分意识到其学科建设之艰巨，可谓设学科易，建学科难。区域国别学作为新生事物，其学科建设任重而道远，起步时若不能把握住方向、端正好步伐，一旦走歪路铸成惯性，以后想纠正就很困难。故此我特别希望学界同仁秉持公心、共同努力，为新学科的健康成长献言献行。本文就新学科的建设问题谈若干看法，以求教于方家。

一、尽管区域国别学的设置已成定局，要不要设学科的争论也尘埃落定，但关于区域国别研究的性质问题仍旧需要明确，这是后续学科建设的根本指针。此问题若不明确，学科建设即没有方向；而一旦失去方向，建设的目标就会混乱，各单位根据自己的理解或按自己的需要去"建设"学科，必定导致新学科在起步时步履不齐，直至以后都很难整合。

区域国别研究到底是什么？以前的讨论一再涉及，通过讨论多数论者都能承认，这是个跨学科的学术领域，属于交叉学科。既然如此，则原有《研究生教育学科专业目录》上任何一个单独学科都无力完成区域国别研究的学术使命，因此需要多学科的合作，需要"交

---

* 本文首发于"澎湃新闻·澎湃号·政务"，2022年9月30日。

叉"。通过"交叉"而使原先多学科各自积累的知识在区域国别研究的平台上得以融合，形成新的知识体系。可以说，区域国别研究是在多学科的基础上形成的，它跨越众多学科又并非简单的叠加。

以上认识是讨论区域国别学学科建设的出发点，离开这个出发点，就没有讨论的余地了。

二、因此，既然是"交叉"，就必须意识到"交叉"不是空话，所以某单位若意图设置区域国别学，就必须具备"交叉"的条件，这个条件就是该单位已经有若干学科点（博士点、硕士点），这些学科点已经有若干年的建设经验，已经成熟，已做出成绩，已培养出一批学生。简言之，该单位不止一个学科点。如果只有一个学科点，和谁交叉？如何建设"交叉学科"呢？改革开放至今已有 40 多年，若在如此之长的时间里未能建设出多个学科点，怎么能在今后几个月时间里建设出一个"交叉学科"？

至于将多少已有学科点确定为设置区域国别学交叉学科点的基本条件，这是个可以讨论的问题。我认为不可太少，两个三个显然太少，其实是多多益善。我们看那些在区域国别研究方面先行且颇有成绩的国家，有实力开展此项工作的单位其实并不多，其中差不多都是实力很强的机构（比如哈佛大学），原因是区域国别研究的门槛非常高，它不仅需要经费，而且需要人。跨学科和多学科的人才配备是建设交叉学科点的必要条件，区域国别学作为交叉学科，必须有多学科的人才配合，并且多多益善。所以在谈论区域国别学的学科建设时，必须意识到高门槛，而且坚持高门槛。

三、由此涉及一个问题：在新版《研究生教育学科专业目录》中，"交叉学科"门类下 7 个一级学科栏目后都有一个括号，其中标注该学科可授学位的名称，比如区域国别学可授经济学、法学、文学、历史学四种学位。其他6个交叉学科情况类似，如此便产生一个问题甚至悖论：它是否意味着经济学、法学、文学、历史学四大门类都可以培养自己的"区域国别学"学生？或者反过来问：它们培养的学生是不是都可算作区域国别学的学生？如果"是"，那就意味着单独一个学科就可以培养跨学科的学生，这在逻辑上就讲不通；如果不是，那么区域国别学可以授四种学位，这个学科（区域国别学）是一个学科还是四个学科？进而，以一个学科之力培养出来的"跨学科"学生，和不以跨学科名义培养出来的学生（比如经济学博士毕业生）有何不同？如果"区域国别学"学生与"经济学"学生确有区别，那么区别在哪里？如果区别体现在前者的知识结构已经跨出经济学领域了，那么经济学一个学科如何提供跨学科的知识？显然，逻辑混乱出现了，需要尽快理清。

作为交叉学科门类下的一级学科，"区域国别学"授什么学位？我认为答案是清楚的，正如理科门类授"理学博士"、工科门类授"工学博士"等等，区域国别学应该授"交叉学科博士"，其一级学科（也就是研究领域）是"区域国别学"；其他6个交叉学科情况类同。为此，各学位授予单位应该在学位委员会下面设"交叉学科分会"，其由相关领域的多学科专家组成，而不是由某一单学科类别（比如经济学或政治学）专家来组成。新《研究生教育学科专业目录》下达后需要对学位授予问题进一步细化，希望在以后一年时间内即新规定正式执行前经过充分讨论和考察得以明确。

四、学科建设离不开人才培养目标，区域国别学培养什么样的人、培养目标是什么？我提出应该是"通才 + 专才"，这是区域国别学人才培养的方向。

"通才"的意思是：他对某一地区（或国家）应该有全面了解，

不仅具备某专业的知识，而且应该对那个地区（或国家）有比较完备的了解，具有全面的知识，成为人们通常所说的"某国通"，比如日本通、美国通、柬埔寨通、埃及通等等。在"通才"的基础上，他应成为某一特定学术领域的"专才"，是这个领域的专家，例如研究日本经济问题的专家，从经济学的角度说他是经济学家。但与其他经济学家不同的是，他集中研究日本经济问题，所有研究都集中于日本经济。他对日本经济的深刻理解建基于他对日本这个国家的全面了解，得益于他的"通才"知识，所以他的研究成果经常能独辟蹊径，能够有独到见解。这正是区域国别研究的魅力所在，是任何一个单领域学科做不到的。

依据"通才+专才"的培养目标，区域国别学与现有单领域学科的区别就很清楚了。单领域学科的培养目标是"专才"，旨在培养本学科的专门人才，其研究对象是学科范围内的问题，不会集中于某个地域范围；区域国别学培养"通才+专才"，他们的研究集中于一个地区或国家，因此既是地域问题专家，也是学科问题专家。正因为如此，区域国别学才有它的存在价值，否则就不需要这个学科了。通过"通才+专才"的培养，中国学术界逐渐做到对世界各地区的全覆盖，对这些地区的学术领域的全覆盖，就能从根本上填补目前我国对外部世界的了解不足，从而最大程度满足国家的战略需要。

五、建设区域国别学，需要建设新的课程体系，即符合区域国别学自身要求的课程体系。现有各学科的课程体系不符合新学科的要求，不能用现有任何一个学科的课程表作为新学科的课程表，它需要自己的课程表。几年来北大的做法是：要求学生在修满国家规定的公共课的前提下，直博生自主选择6个以上、普博生自主选择4个以上一级学科的课程，从多学科知识中搭建自己的知识架构；类似做法在其他一些高校也实行。考虑到各高校（或单位）的具体情况不同，设置各校统一的课程表是不现实的，但原则是跨学科的知识体系需要跨学科的课程体系，不应让区域国别学的学生只学单一学科的课程，这是一个原则，原则应该是一致的。

如同理工科学生必须有基础课如数学课和实验课，区域国别学也需要基础课，学生需要掌握一些基本技能，概括起来可以归纳为"三个一"，即一门课（历史课）、一种能力（语言能力）、一段经历（实地生活经历）。具体说：外国历史特别是对象国历史是区域国别学必开之课，其重要性如同理工科的数学课，若不了解对象国的历史，研究这个国家则如同在沙滩上筑楼。同样，不掌握对象国的当地语言，研究这个国家则无从谈起，顶多把别人做好的冷饭拿过来炒一遍。实地生活经历类同于理工科的实验课，不在当地生活和体验，是感受不到那个国家的真实情况的，更感受不到那个国家人的心理脉动，而这种脉动对于了解那个国家、判断那个国家尤为重要、不可不知。

因此，外国史、外国语、外国生活经历（三外课表）是区域国别学的三块基石，其他课程学习都建立在这三块基石的基础上。

六、谈到学科建设，人们会关心二级学科如何设定。几十年的惯性让人们关注这个问题。近期的讨论大体形成几种方案：其一按地域设计，比如亚洲学、非洲学，美国学、日本学等等；其二按类别设计，比如发达国家研究、发展中国家研究；其三按专题设计，比如区域治理研究、经济社会研究等。三种方案各有道理，也各有优劣。我认为二级学科的设置不必太划一，可以留下足够空间让各授权单位根据自身的特点与需要斟酌考虑，考虑后报送国家学科评议组认证，最后由教育部主管部门审批下达。二级学科的设置权在几年前就下放给各省或各授权高校了，依照规定执行就可以。国家的学科评议组可提供一个指导性建议，为授权单位参考之用。现有其他学科的学科评议组也是这样做的，新学科援引先例即可以。

区域国别学学科建设还有许多细节问题需要探讨，以上六点是我认为最紧迫、最亟须解决的。新学科的建设必然是起步蹒跚、问题多多，在实行过程中困难重重。唯盼学界同仁以国家之需为重，从"学科"这个概念的本性出发，在学科起步时即把握正确方向，铺设正确轨道，助其稳步前行。

区域国别学亟待解决的几个问题＊

区域国别学成为一级学科后，亟须解决什么问题？需要解决的问题不少，但今天主要讲学位问题。

根据新发布的《研究生教育学科专业目录》，区域国别学是一个新学科。学科制是中国一个非常特殊的现象，它和世界上多数国家不相同。在中国，"学科"有特殊的作用：如果没有学科，人才培养就不能进行。我不知道在座的国际友人是不是知道这个情况，但是在中国，没有一个由国家主管部门认定并公布的"学科"存在，就不能培养学生，连招生都不可以。

区域国别学作为一个新学科，在它出现之前经历了相当一段时间的争论。大家一直在讨论区域国别学是否应该成为一个学科，这些争论持续了好几年时间，但最后这个学科还是出现了。既然学科已经出现，那么关于区域国别学是否应该成为学科的讨论就告一段落。

但接下来的问题是：新学科出现后应该怎么办？它的人才培养应该如何进行？这是需要我们好好去讨论、认认真真去研究的。设一个学科相对来说还简单，但建设一个学科就不是一件容易的事。毛泽东主席在新中国成立前夕曾说：夺取全国胜利，这只是万里长征走完了

＊ 本文基于作者 2023 年 9 月 16 日在对外经济贸易大学举办的"2023 北京洪堡论坛"上的发言整理成文。

第一步，但革命以后的路更长，工作更伟大、更艰苦。建设一个新学科也是这样，以后的路更长、更艰巨。我们今后面对的主要任务就是考虑学科如何发展、怎么建设，这是需要讨论的大问题。这个问题如果没有讨论好，没有形成共识，日后如何面对"江东父老"？所以我们一定要把这个学科建设好。

今天我讲两个问题：一是关于区域国别学的学科属性问题，这是一个根本问题，也是基本的认识问题，这个问题如果没有解决好，那就是在根本上没有弄明白区域国别学是什么。如果不能在根本上明白区域国别学是什么，当然就不可能把区域国别学建设好。第二个问题是当务之急做什么，在清楚认识区域国别学学科属性之后，做什么的问题就成了当务之急。以下分头讲这两个问题。

一、关于学科属性。从本质上说，区域国别学是一个交叉学科，这不是哪一个人自己说的，它已经公布在教育部发布的新版《研究生教育学科专业目录》上了，写得清清楚楚。在教育部2022年公布的《研究生教育学科专业目录》上，区域国别学放在"交叉学科"门类下，是"交叉学科"门类下的一个一级学科。既然是一个交叉的学科，就意味着它不是一个单学科，不像我们以前所熟悉的物理、化学、生物学，或者政治学、社会学、人类学等等，不是这样单学科的学科，它是一个交叉学科。这是我们无论如何要牢牢记在心上的，一定不能忘记：区域国别学是交叉学科。交叉学科是指由很多不同学科的知识融合在一起而形成的新学科，它有特殊的学科特征，也有特别的学科任务。

区域国别学研究的对象是什么？这个问题在区域国别学这个概念里就表达得清清楚楚了。它研究的对象是区域、是国别，所以被称为区域国别学。区域国别指的是世界上不同的国家、不同的地区，其限定很清楚，不会有异议。在这个前提下，区域国别学做什么就很清楚了，不应该对这个问题感觉到困惑。

区域国别学能做什么，应该发挥什么作用？区域国别学是一个应用学科，也是一个实证学科。它之所以被确认、被设置，是因为社会需要它，国家需要它，它的作用是通过研究世界各国、各地区为国家服务，为社会服务，为人类服务。所以区域国别学不是一个纯粹的、理论性的学科，不是关在书斋里看书就可以做出来。它是用于实际需要的学科，同时又是实证的学科，用事实说话，以现实为依据，把事实和现状作为讨论和观察的对象。所以，这个学科是实证性的。

总之，关于学科属性，我总结为三个方面：第一，它的性质是交叉学科。第二，它的研究对象是区域和国别。第三，它的功能是学以致用。我们只有对属性问题形成清楚而清醒的认识，才能讨论区域国别学现在应该做什么，当务之急是什么；怎么去发展，怎么去建设。

二、关于当务之急。明确学科的属性后，走好第一步是当务之急。走好了学科就发展；走不好学科就会走弯路，以后再重走难度就大了。下面我谈四个问题，这些问题是我们需要处理的当务之急。

第一，需要确定二级学科。一级学科下面需要设二级学科，这是大家都知道的，但区域国别学设哪几个二级学科？这个问题没有解决。近期召开过很多会议讨论设置二级学科的问题，但没有形成共识。我认为设二级学科要有一个基本的原则，必须要体现区域国别学的基本属性，那就是"交叉"。我们已经明确区域国别学是交叉学科了，它研究的对象是区域和国别。因此，二级学科就要依据区域国别学的基本属性来设置，既体现交叉，又体现区域和国别。但据我所知，现在有很多学校设置出来的二级学科，既不"交叉"，就是没有学科的交叉，也不体现区域和国别，那么区域国别学的属性如何体现呢？有些学校拿出来的二级学科更像是国际政治或国际关系，或者是世界经济、世界历史，这样的二级学科应该是不合格的。我强烈呼吁各个学校，特别是即将组建的区域国别学学科评议组，在考虑和指导二级学科设置的时候，一定要从区域国别学的属性出发，将交叉和区域国别突显出来。这是当务之急的第一要务。

第二，规划人才培养工作。区域国别学培养的人能不能被社会、国家和学界承认，是区域国别学能否成功的标志。培养环节中关键的一环，是制定正确的课程表。课程表必须体现交叉的性质，必须与以前所有的其他学科不同。反过来说，区域国别学拿出来的课程表，如果和本来就有的外语、国关、国政、历史等的课程表大体一样，那就是不行的。区域国别学培养的人要体现交叉，也就是说学生应该有多学科的基本知识和基础能力，而能不能做到这一点，是由课程表决定的，所以课程表是关键。由此，区域国别学当务之急之第二要务，就是要拿出一份能够体现交叉性质的课程表，我想，这不仅是各相关学校的任务，更是区域国别学学科评议组的重要任务，评议组需要把关。

第三，补足语言学习短板。区域国别学的学科要求，需要对世界不同国家、不同地区进行了解，做出研究，既然如此，语言问题就突显出来。不掌握研究对象国、对象地区的老百姓通用语言，想培养出高质量的区域国别研究人才，明显是做不到的。中国目前的现状是，懂英语的人相当多，很普遍。我经常开玩笑说，现在能看懂英文的人比能看懂古代文言文的人还要多。显然，只懂英语是不够的，英语必须懂，因为它是国际通用语，是一个国际交流的语言。在现代中国，懂英语是每一个接受高等教育的人的基本训练，但对于区域国别学的学生来说，只懂英语就不够，比如研究东南亚，除英语之外，至少还需要一门东南亚语，像泰语、缅甸语、印度语、老挝语等等；如果能掌握两三门当然更好。同样地，如果研究中东，那么除英语之外，还需要一门中东语言，像希伯来语、阿拉伯语、波斯语、土耳其语等等。我多次强调，没有当地语言是不能做区域国别研究的，所以，一个单位在申报区域国别学科的时候，应该把有没有当地语言的能力作为能不能申报成功的基本条件。如果没有这个能力，那就应该培育几年，直到具备这个能力。有这种能力的单位才是合格的单位。现在中国高校的一个普遍现象，是具备多种外语能力的学校以外语类院校为主，多数综合性学校则外语种类偏少，因此用当地语言进行研究的能力不足。我曾经建议：缺乏外语（当地语言）能力的综合性学校和有这种能力，但学术能力欠佳的外语类院校可以联合申请区域国别学科点，希望有关方面慎重考虑这个建议。

第四，最后一个问题，区域国别学拿什么学位？这是一个中心议题，学生们非常关心。但这个问题现在很模糊，我自己也感到困惑。在教育部发布的《研究生教育学科专业目录》上，区域国别学一级学科后面有一个括号，列了四大门类：经济学、法学、文学、历史学。法学包括社会学、民族学、国际关系、国际政治等，历史学主要指世界历史，文学应该针对外国语言文学，经济学针对哪一个领域？似乎不大明白。可是把四个门类放在括号里，确实让人弄不懂学位怎么给。是各给各的吗？比如说这个学生拿经济学学位，那个学生拿法学学位，第三个学生拿历史学学位，第四个学生拿文学学位，那么"区域国别学"怎么体现？作为一级学科的区域国别学还存在吗？假设：某校有两个学生，毕业时都拿了经济学学位；但其中一个属于区域国别学，另一个属于经济学，那么这两个毕业生有区别吗？如果说没有区别，那么区域国别学就变成空设；如果说有区别，为什么拿的学位是一样的？我对这个问题始终没弄懂。希望相关部门解释清楚，否则会混乱不已，社会各界也很难理解。

按照过去一贯的做法，区域国别学的学位其实是非常明确的。比如说学物理的学生拿理学学位，学化学的学生也拿理学学位，学生物学还是拿理学学位，原因是物理、化学、生物都属于"理学"门类。所以，区域国别学的学生应该拿"交叉学科"学位，因为区域国别学属于"交叉学科"门类，博士是交叉学科博士，硕士是交叉学科硕士，可以在"交叉学科"后面打一个括号（区域国别学），就好像物理学是"理学博士"加括号（物理学），生物学是"理学博士"加括号（生物学）等等，这是惯例。区域国别学一定要特殊到不遵从这个惯例吗？我认为不需要。这个问题应该解决，否则会给学科建设带来很多麻烦。

到现场做研究[*]

各位学者、各位专家，非常荣幸能参加今天的会议。在我正式发言之前，首先祝贺浙江师范大学成立非洲区域国别学学部。非洲区域国别学学部作为区域国别学一个正式的学部，在全国范围内都是首创，也非常期待今后会有更多的学校能够像浙江师范大学一样，给区域国别学更大的支持，期待有更多的学部在不同学校出现。

浙江师范大学的非洲研究受到国内同行的高度认可，在国内非洲研究方面不仅是重镇，而且是领先，并且也是区域国别研究领域中的典范，有很多的经验值得学习和借鉴。

浙江师范大学的非洲研究为什么能得到这么高的认可呢？其中的原因非常简单，因为浙江师范大学在非洲研究方面做得非常出色。为什么做得特别好？因为浙江师范大学做非洲研究，不仅坐在图书馆里做，不仅守在大学校园里，他们做非洲研究，把研究的场地搬到了非洲。

刘鸿武教授在这方面身体力行，据我所知，他每年都去非洲好几个月，少则两三次，多则五六次，持之以恒，每年都这样。浙江师范大学非洲研究院的同事们，据我所知每一位都到非洲去过很多次，而

---

[*] 本文基于作者2023年12月12日在浙江师范大学"区域国别学学科建设研讨会暨浙江师范大学非洲区域国别学学部成立仪式"上的发言整理成文。

且是源源不断地去非洲。这是浙江师范大学能够对非洲研究做出优异成绩的重要原因，也是我们做区域国别研究的重要经验，值得大家去学习。

所以，我今天想讲的主题可以归结为几个字："到现场做研究"。我们经常会问：区域国别学的研究方法是什么？"到现场做研究"就是方法之一，而且是重要方法、关键方法。浙江师范大学给我们提供了极好的榜样，就是去现场做研究。

为什么要去现场呢？这应该从区域国别学的任务说起。

区域国别学的学科任务是什么？应该是全面、深入、彻底地了解对方国家和地区，也就是我们通常所说的对象国和对象地区。而要想做到全面、深入、彻底，真正弄懂对象国，不到现场是做不到的。

关于区域国别学，我曾经提出过三个问题，这三个问题也是区域国别学的三个根本性问题。

第一，区域国别学是什么？

第二，区域国别学做什么？

第三，区域国别学怎么做？

区域国别学是什么，我的回答是三个词：多学科、跨学科、交叉学科。对于这几个概念，区域国别学的同仁经过一段时间的讨论基本上可以达成共识，但我觉得这里面还是有一些认识不到位的方面，比如说相当一部分人仍然把区域国别研究看成是某种形式的国际关系或某种形式的国际政治，我觉得不是，无论国际关系或国际政治都只是区域国别研究中的一个部分，区域国别研究的范围要宽得多。我们要牢牢把握区域国别学的基本任务——就是全面、深入、彻底地去了解对方，了解对象国、了解对象地区。这是许多学科共同努力的方向，不是任何一个单一学科能够完成的。

区域国别学做什么，我的回答也是三个词：知形、知心、知行。第一个知形是形状的"形"，也就是要知道我们的研究对象、研究国家或地区是什么样子，它长得啥模样？这是"知形"。第二个知心是心里的"心"，只知道啥模样是不够的，还必须知道那里的人的心里在想什么，这叫"知心"，这就进一步了。在知形和知心的基础上提出第三个目标，是知行，行动的"行"。知了形又知了心，就能看得懂、猜得透，判断得出他想做什么，为什么这么做。到了这一步，区域国别研究的目标就达到了。

区域国别学怎么做，我认为这对于学科今后的发展至关重要，关系到学科的学术存在。我也提出三个词：实用、实践、实证。实用的意思是：区域国别学是一门应用的学科，以学致用，为用而在。实践的意思是：知识从实践中获取，单靠读书还不行，需要实践。实证的意思是：学科的研究方法是实证，用事实说明一切，它不靠抽象的思维，而依赖事实；它在实践中形成理论，在实践中得出结论。区域国别学的学科使命是为国家需要服务，为人类需要服务，为世界发展服务，所以它的研究必定是来自事实，又回归于事实。从实证出发，就应该明白没有实践就谈不上实证，没有实证就做不到实用。因此，实用、实践、实证是环环相套、相互作用的辩证关系，区域国别学应该这样做。

多说几句关于实践的问题。对区域国别学来说实践意味着什么？打一个比方：理工科学生如果没有实践，基本上做不出成果，但理工科的实践是什么？是实验，所以所有理工科学生都必须进实验室。区域国别学作为一个应用的学科，也必须有实践。但什么是区域国别学的实践？那就是去当地做研究，不到现场就谈不上实践。毛泽东主席一贯提倡调查研究的工作方法，20世纪20年代大革命时期，中国南方农民运动轰轰烈烈，当时关于农民运动有各种各样的说法。毛主席不多说，相反到湖南农村考察了大约一个月，写出一份《湖南农民运动考察报告》，这份报告对后来中国革命的发展和胜利起到了重要作用。在这份报告中，他根据湖南的实地调查得出结论，这就是毛主席的工作方法——调查研究。区域国别学应该用这个方法做研究，才能得出正确的结论。

毛主席一再提倡"实践出真知"，这是唯物主义认识论的基本原则，然而这个原则在今天被很多人忘记了。许多学者只从书本上做学问，而忘记了有一些基本原理是不应该抛弃的，实践出真知，到现场做研究，是做好许多学科研究工作的基本方法。大家总爱谈方法论，殊不知，对应用型学科来说，"实践出真知"就是方法论。而这样的方法论，我们应该大大地提倡，好好地提倡，一再地提倡。在学术界再一次把实践出真知、通过实践获取知识的唯物主义基本认识论拿出来弘扬光大，让大家牢牢地记在心里。

至于区域国别学的调查研究如何进行？其实很简单。当我们要解决中国革命以及中国建设所碰到的问题的时候，需要在中国进行广泛而深入的调查研究。区域国别学研究的对象是外国，是了解关于外国的知识，研究外国的情况，因此我们应该到国外去。我提出这个口号——"到现场做研究"，就意味着一定要到对象国、对象地区去，在那里生活学习，扎根扎到社会里，时间越长越好，至少也要一两年。要和当地各阶层接触，尤其要和老百姓接触，和他们交朋友，这样才能做到知形、知心、知行。否则，即使到了国外，但仅仅关在书斋里，仅仅在图书馆里看书查资料，那是不够的。我们得不到真实的情况，没有切身体会，不知道书上写的和现实情况会有距离，甚至差距很大，乃至完全不对。我们判断不出书上写的东西是不是符合那里的真实,如果得不到真实的情况,怎能得到正确的认识?

区域国别学的任务就是要在实践中获取知识,从而真实地了解那个国家(或地区),帮助解决中国在对外交往中面临的各种问题,为国家制定战略规划提供依据。这就是为什么要设置区域国别学一级学科,让它成为交叉学科下的一个新学科。如果不能完成这个任务,不能满足社会各方面对这个学科的期待,那么,如何能面对"江东父老"?为什么要建立这个学科?仅仅是为有些学校增加一个博士点,下一次评估时可以加几分吗?我们应该牢记这个学科的使命;为此,一定要到当地去获取真实的知识,用这些知识作为研究的基础,然后才能得出正确的结论,解决中国需要解决的各种问题。要想做到这一点,实践就必不可少,这就是为什么我一再强调"到现场做研究"。

回到今天的会议主题。浙江师范大学的非洲研究之所以做得如此成功,就是因为浙师大的非洲研究是脚踏实地的,它的脚踏在非洲的大地上。它不是从理论到理论,从抽象到抽象。浙师大的研究者身体力行,在非洲做研究,了解真实情况,做认真细致的调查研究,所以能把非洲研究做到今天这个地步,而受到国内同行的高度认可。

奢谈方法是没有意义的,奢谈理论是没有意义的,区域国别学的理论和方法是从实践中得来的,是在实践中总结出来的。我们应该发扬和光大成功的经验,在区域国别学的研究工作中遵循"实践出真知"的基本理念,走出国门,到现场去做研究!

中国区域国别学理论创新之路 *

中国区域国别学理论创新之路在何方？这个问题提出，体现了区域国别学学科出现后学界的创新意愿。在回答这个问题前，需要首先明确区域国别学的特点，尤其是一些基本特点。

区域国别学具有独特的学科特性，即它是一门实践的学科。换个说法：它是一个要求动手的学科，是一个需要到对象国、对象地区去进行实地体验的学科；它不是思辨的学科，不是单纯坐书斋的学科。如果借用西方学术界的一个术语，可以把它定性为"实证主义学科"，也就是需要研究人员动手、动脚、到现场做研究。要到当地去了解情况，要在当地做田野调查，要在当地生活，要接触当地的老百姓，要下沉到当地社会，要知道那个地方是什么样，要认识那个地方的风土乡貌、池水山脉，还有人物心态，等等。因此，回答中国的区域国别学理论创新的道路在哪里，首先应该明确区域国别学是一个实践的学科，是一个"实证主义学科"。

第二次世界大战结束后，美国在发展区域国别研究方面做了很大努力，发挥了关键性的引领作用。回顾美国在区域国别研究方面积累的经验教训，对于今天讨论中国的区域国别学今后的发展道路，特别有启示意义。

---

* 本文基于作者在 2022 年 12 月 10 日首届"中国区域国别学 50 人论坛"上的发言整理成文。

美国在二战以后开始推动区域国别研究，特别强调实践性，将区域国别研究界定为实证主义学科。按照这个思路，美国的区域国别研究确实取得重大成功，也做出了很大成就。但后来尤其在21世纪，美国的区域国别研究逐渐出现"转向"，可称之为"政治学转向"。政治学转向把美国的区域国别研究慢慢带到一个轻实践、重"普适"的道路上，意思是全世界都一样，可以用几条定律总结出来。虽不是整个领域的所有人都实行这个转向，但至少有相当一部分学者发生了转向，相信普适性，相信普遍定律。

后果怎样呢？转向使相当一部分区域国别研究学者相信：世界上存在着一种放之四海而皆准的"普适"原则，无论国家有多大的不同，万变不离其宗，到底还是一样的。当代西方学术变化，相信人文社会科学研究和理工科一样，都可以用理工科方式进行，也就是设计模型，通过计算机进行推算，然后就解决了一切问题。现在，美国和其他西方国家不少学者甚至认为：既然可以在电脑上利用公式、模型、数据推导出普适的、放之四海皆准的结论，那就不需要到当地去生活体验，坐在电脑前就可以了。这种转向对发展区域国别研究是非常不利的。

今天讨论中国区域国别学理论创新向何方，我认为至少在这个学科刚刚起步的时候，要把它向实践这个方向引，要强调它的实证主义性质，强调去当地，去跑、去动手、去和老百姓聊天，了解当地的情况。如果没有像这样的实证研究，没有那种"做田野"的功夫，没有动手、动脚的志趣，想要实现中国对世界各国、各地区研究的全覆盖，恐怕是非常困难。今天中国对世界上很多地区和国家的了解太少，甚至对部分地区、国家几乎一无所知。区域国别学学科在建设之初，如果不强调它的实践性，不强调它的实证主义性质，而直接陷入思辨的方式、"模型"的推算，那么，推动中国的区域国别研究大体上是水中探花。

我坚信每一个国家都是特殊的，有特殊的国情、特殊的历史传统、特殊的环境、特殊的人文心理等等。如果说在了解每一个国家的基础上可以找到某些共性，这些共性应该不会很多。共性是存在的，但共性的发现存在于对世界上大多数国家有充分了解的基础上，只有在这个基础上，"共性"才会出现。因此，至少在区域国别学刚刚起步的时候，应该把重点放在了解不同国家和地区的具体情况，了解当地，也就是说，要从每一个国家的个性入手，而不是先去预设一个所谓的"共性"，然后用人为的"共性"来按图索骥。

为了对每一个国家有比较深刻的了解和理解，在人才培养方面我提出了"三个一"：一门课（历史课，尤其是对象国、对象地区历史的课）；一种能力（外语能力，尤其是对象国、对象地区的本土语言）；一段经历（在对象国、对象地区生活学习的经历）。也可以把"三个一"称为"三个外"——外国历史（当地历史）、外国语言（当地语言）、外国经历（当地经历）。

所以，回答本次会议提出的问题——中国区域国别学理论创新路在何方？我的简单回答是：脚踏实地。

知形、知心、知行——关于目标[*]

山东大学（威海校区）开办"区域国别学暑期高级研修班"，让我讲些想法，谈谈区域国别学的基本原理，我感到非常荣幸，也非常感谢。我今天讲的内容在其他场合也曾讲过，有些还在报纸刊物上发表过。但我感觉这些问题其实没有被完全解决，还没有形成共识。虽说区域国别学已经成为一级学科，但大家的认识相差很大，整个局面有一点乱。山大举办研修班是个好办法，尽可能统一认识，有助于学科的顺利发展。

首先讲讲"交叉"问题，好像是老生常谈了，区域国别学放在"交叉学科"中，不交叉也是"交叉"。但恰恰在这个根本性问题上问题最大，人们对"交叉"的理解是最不深的，有意无意不交叉。然而，交叉早就是学术研究的趋势了，真的是不交叉也要交叉。对理工科来说，交叉已经是非常普遍的概念和研究工作的正常手段，几乎所有人都知道交叉的重要性。事实上，科学技术发展到现在如果没有交叉，几乎就很难再做出新的突破。到现在，已经很难说某一项突破性的研究成果是哪一个传统学科的成果了，诺贝尔物理学奖经常会颁授给化学家，医学方面的突破也许属于物理学，或者是物理学、化学、生物

---

[*] 本文基于作者 2023 年 8 月 21 日在"区域国别学学科建设学术研修会暨第二届全国区域国别学暑期高级研修班"上的报告整理成文。

学的联合成果，等等。在理、工、医、农这些领域中，科学家关于交叉的共识是比较大的，但是在文科里，至少在中国学术界，对交叉的认识就很不够。

今天在座的学员中，至少有2/3是外语出身，外语学科现在确实有危机，随着科技的发展，外语学习的很多功能被取代了，如果还是牢牢抱住外语教学的传统做法，听、说、读、写、译，恐怕很难维持。我认为，外语学科一定要走学科交叉的路。其实，这个学科能够和很多学科实行交叉，其中之一就是区域国别学。

历史学科就出现过这种变化，100年以前，或者更长一点时间，历史学研究的对象基本上是政治、军事、外交，按照毛主席的说法就是帝王将相、才子佳人，其他东西都不在历史学家的视野里，他们认为那些东西不属于历史学范畴。但是今天的历史学已经完全不是这样了，我们今天对历史的理解会认为：人类一切活动只要发生了，都属于历史，都是历史学关心的对象、研究的对象。我读研究生的时候，当时的那些老先生、我们的前辈还会说，100年以前的东西是历史，100年以内的东西别研究，那不叫历史。可是不叫历史叫什么呢？是不是现在？显然不是现在。不是现在又不是历史，那是什么呢？听起来很奇怪。那种理念到今天已经完全过时了，所以历史学如果一直抱住那种理念，它就会变得非常过时。

从研究内容看，现在的历史学和100年以前的历史学相比发生了翻天覆地的变化，研究的范围大大扩大了。我刚才说人类所有活动现在都在历史学研究的范围内，所以现在的历史学什么都研究，出现了很多新领域，比如环境史、生态史、疾病史、医疗史、妇女史，还有家庭史、儿童史等等，更不用说经济史、政治史、外交史、军事史——样样都是史；还有研究茶叶的茶叶史、研究筷子的筷子史，物质的历史、精神的历史，所有的一切，只要是人类的活动，都在历史学的研究范围内。

这样，历史学就变成交叉的学科了。比如做疾病史，只看历史书是不行的，必须懂一点医学，否则就做不了，除非是抄别人的。同样，环境史、生态史、情感史、物质史等等都是这样，所以跨学科的知识就形成了。历史学的变化要求培养人才的变化，如果仍旧按照传统的方法培养学生，就培养不出当代历史学家。历史学是一门古老的学科，有几千年历史；连这样古老的学科都必须与时俱进，就不用说其他学科了。

于是就回到区域国别学，它是一个交叉学科，交叉是区域国别学的学科之本，这个"本"不能丢掉。记住这个"本"，再谈谈区域国别学的研究范围，以前都说过：它的研究对象是一个国家或一个地区所有的一切，上至天文、下至地理，政治经济、社会文化、种族宗教、军事科技，一切的一切——总之，是跨学科的知识，最终的目的是对这个国家或这个地区有深入的了解，为我国的各类涉外活动（不仅仅是外交）提供知识基础。怎样才算"深入了解"？我觉得要做到"知形、知心、知行"，我认为这是区域国别研究的基本目标，今天主要讲这个问题。

先说一个小插曲。前些时候参加一个小型研讨会，有位高校领导提了一个问题，说中国这么多人口，那么多学者，怎么没有一位学者预见到中美关系会走到这一步？他接下来提第二个问题：也没有预见到俄罗斯和乌克兰会打仗，不仅打，而且打到这个程度。这两个问题都很尖锐，我当时就在想：问题出在什么地方？其实类似的问题还很多，比如说菲律宾的小马科斯，他父亲也当过菲律宾总统，执政时跟中国的关系很不错，小马科斯当选后我国舆论一边倒，都认为他会延续父亲的路线，进一步发展中菲关系。但事实恰恰相反，当时就没人看出来吗？

这类的例子实在太多了，它暴露了什么问题？为什么经常这样？这是值得我们深思的。我们的学术界可能有一些问题，有一些不足，这些不足造成我们对世界、对域外变化判断不准，换句话说，就是学术研究没有履行好为国家服务的功能。

回到刚才那两个问题上来。第一个问题是为什么没有人预测到中美关系会走到今天。回到30多年前，20世纪90年代，那时美国人就开始思考中美关系的定位问题。一会儿说中美关系是合作伙伴关系，一会儿又说不是合作伙伴，只是伙伴；再过些时候在"伙伴"前面加四个字，叫"竞争中的伙伴关系"，最后就变成了"竞争"。到特朗普1.0时代，他跟你说得很清楚：不是一般的竞争，是 rivalry；拜登就更明确了，几乎就是告诉你：双方敌对。美国人思考了30年，最后拿出一个结论。而我们在这30年中有没有意识到这些变化？——那是一条下行线！许多人可能认为，变来变去都是那些美国教授们闲得无聊，为发表论文而各说各话。其实不是的，美国人思考了30年，是一种地地道道的战略思考，而这种思考是建立在对中国尽可能的了解之上的，同时也建立在对世界格局变化的研判之上。可是对中国学术界来说，有没有注意到美国的这些变化，以及在这30多年的长期争论背后，美国人脑子里在想什么？这样，就牵涉到中国的区域国别研究的目标问题了，就是"知形、知心、知行"：仅仅"知形"是不够的，必须"知心"，进而才能"知行"。

关于第二个问题，就是俄乌冲突的问题，西方很早就有人说这个地方很危险，很可能爆发战争，原因是从地缘政治的角度看，乌克兰是两大政治板块的碰撞点，就相当于两个地质板块的碰撞带，迟早要碰出地震。据说基辛格也说过类似的话。中国学术界对那个地方了解很少，几乎没人注意那里，等出了事才想起那个地方来，但出事时仍然云里雾里。这说明中国确实需要大大加强区域国别研究，而且要做到地理上的全覆盖。可是进一步说：我国是不是没有人研究俄罗斯、研究欧洲、研究美国呢（研究乌克兰的人确实很少）？并不是。于是问题又出来了：中国人（如果）研究那些地方，很少注意那里的人怎么想——俄罗斯人怎么想，乌克兰人怎么想，欧洲人和美国人怎么想。造成的结果是：少知形，不知心，当然也就不知行。

刚才是两个很大的例子，再说小一点的例子。比如中国企业到国外投资开发项目，去中东、中亚、南亚等地区，或者是阿富汗、坦桑尼亚等国家，去跟当地搞合作，帮助他们搞建设等等。我们经常会看到这样的报道：中国企业到当地，很快就把项目启动起来，但突然之间问题就来了，比如说开一个铜矿，不是说这个地方没有铜矿，是有铜矿，不是说开采不到铜，能开采到铜。问题是当地老百姓不同意，说他那个地方不能动，因为他们信仰的神灵就在那里。或者说他那个地方是绿水青山，绿水青山就是金山银山，开铜矿把那里变成铜山铁山了。于是问题就来了：做项目论证的时候怎么没考虑这些因素呢？只注意物质因素，完全不考虑当地人心里面怎么想。从这些例子就可以明白，做区域国别研究只知道外观因素是不够的，必须了解那个地方的人内心深处在想什么。

这样，我们就可以说说"知形、知心、知行"是什么意思。

"知形"，这第一个"形"是形状的形，形象的形，就是样子，"知形"就是知道它的样子。这里的"样子"是个非常广泛的概念，就一个国家和地区来说，知道它的样子，就应该对它的各个方面都有所了解，不仅知道这个国家或地区的某一个方面，而且要知道它的整体形象,什么都知道一些,不至于说对那个国家或地区的某些方面几乎不知道。所以第一个"形",就是样样都知道,一旦样样都知道,那就通了,"通才"就是这个意思。不能认为做政治学的只需要知道政治方面,没必要知道那个国家的GDP,支柱产业是什么,宗教是什么情况。应该知道那个国家的方方面面,这就是它的形状,它的形象,上至天文,下至地理、宗教、民族、人文、艺术等等各方面都知道。不是说在各方面都精通,但大体上应知道是什么情况。也就是说,如果研究美国,就应该设定一个目标:要成为美国通;如果研究东南亚,就应该成为"东南亚通",诸如此类。这就是"通才"。

我在多个场合都强调一个问题:做区域国别研究的学者们需要了解的知识太多了,从自然环境开始,地理、气候、水文、海洋或者是沙漠、植被等等,一直到它的社会状态,包括民族构成、宗教信仰、人口社会、教育文艺等各方面,都应该了解。

比如文学方面,一个国家或地区有过哪些人所共知的文学作品,就像中国的优秀文学作品那样?换个角度问:如果说美国有个研究中国的中国通,像孔飞力或史景迁那样的著名学者,他们会不会不知道《三国演义》或《红楼梦》呢?反过来,如果说一个研究巴西的中国学者,不知道巴西最著名的文学作品,能说他是巴西通吗?所以,了解对象国的各方面知识是区域国别研究的基本要求,这就叫"知形"。

但仅仅"知形"还差得很远,需要有更深层的认识。先打个比方,从人和人打交道说起:我们认识一个人,知道他长多高,是胖还是瘦,戴不戴眼镜,留什么发型,爱吃什么,不爱吃什么,在哪工作,有没有家庭。知道这些,是不是就了解这个人了?未见得,到这一步只能算认识。中国有句古话叫"知人知面不知心",意思是认识这个人不意味着了解他,必须"知心",要知道他心里想什么,这才是真的明白他了,所谓"人心隔肚皮"。

人和人交往是这样,国与国也是这样。想了解一个国家、一个地区,首先应知道它的外表,包括 GDP、支柱产业、重要的企业等等,当然还有民族、宗教、人口、习俗、山川河流、城镇乡村……能掌握这些已经非常不容易了。可是除了知道这些表面上的东西外,还应知道这个国家的人心里面在想什么,脑子里在动什么。知道他们的思维方法,知道他们的心理活动,知道他们的逻辑方式,以及历史上形成的思想结构。知道了这些才叫"知心"。前面提到的那个问题:为什么没有人预见到中美关系会发展到这一步?30多年来美国人一直在对中美关系进行定位,不断提出新概念,我们当时不明白他们在干什么,原因就是不懂他们在想什么。现在懂了,有点晚了,不过还来得及,要补一课。就是"知心"。可是要做到这一点靠什么呢?这是下面要讲的,现在先不讲。

知了"形"又知了"心",下面的"知"就好办了,是"知行",行动的"行",意思是知道对方想干什么。当然不是说前面两个"知"都知道了,第三个"知"就跟着出来。第三个"知"要在前面两个"知"的基础上,靠学者的分析、判断、研究、验证而得出结论,研究的水平就体现在这里。这不是自然而然形成的,不是因为有了前面两个"知",第三个"知"就自动出现。但第三个"知"是我们真正想要的东西,研究的目的就是"知行"。我们不知道别人想干什么,这就是我们的短板。

可是要想弥补这个短板,不能等到事情发生了再赶紧去查资料,比如在 Google 或百度上查查塞尔维亚和科索沃的矛盾,然后写个2000字的报告。写报告比不写报告好,但作用不大。这样,"知行"的重要性就体现出来了,研究者要围绕前面两个"知"做大量的前期准备,最理想的状态是预见事件的可能性，就如我前面提到的有西方学者预见了俄乌冲突的爆发那样。一个事件的发生有诸多因素，基本上不可能是由一个因素造成的，很多因素凑在一起，最终导致事情的出现。所以，第一个"知"是让我们知道和了解各种因素，积累相关的多角度知识；可见做"通才"是必需的，只有"通才"才能做到这一点。第二个"知"，"知心"，说到底就是知道一个国家的国民性，知道它的群体思维，如果能大体上了解这个国家的国民性或者国民心理，我们对它想干什么就比较容易判断。现在很多研究是跟在事情后面跑的，而不是跑在事情的前面。出了事才去追，晚了，追不上了。本来应该在事情还在酝酿时就发现它，所谓的"见微知著"，但这很难，是一种本领。要想做到"见微知著"就先需要做到前面两个"知"，然后经过学者的研究而"知其行"。"知形、知心、知行"之间的关系就是这样，"知其行"是区域国别研究工作的目标。

但能做这项工作的人从哪里来？那就要靠培养了，我国现在正缺这样的人，这就是为什么要建立一个新的学科——区域国别学。区域国别学的任务就是为区域国别研究培养适合的人才，这种人才是"通才+专才"。到目前为止，传统的单领域学科都培养不出这样的人。为了培养出这样的人，我强烈呼吁各培养单位：第一，真正落实区域国别学的交叉学科性质，在每一个培养环节上体现交叉。第二，在培养目标上，要求学生明确自己的发展方向是"通才+专才"，自觉向这个方向努力。第三，为学生制定一张课程表，这张课程表真正体现不同学科的融合交叉，而不是新瓶装旧酒，在原来那张单学科课程表上象征性地添加一两门新课。第四，新课程表应体现"三个一"的重要性，即一门基础课（外国历史—对象国历史）、一门语言课（外国语言—对象国语言）、一段生活经历（外国经历—对象国生活经历），这三门课都是必修课，体现着"通才＋专才"的基本能力培养。第五，强调实地研究的必要性，为学生创造条件，去对象国学习对象国。第六，区域国别学是实证的学科，引导学生在实践中学习，在游泳中学会游泳。

以上这些想法在其他文章或演讲中也曾表达过，此处只是集中表述。区域国别学需要独特的培养方式，作为一个新学科，创造出新的培养模式，符合区域国别学的人才培养需要，也是一项艰巨的任务。好了，谢谢大家！

实用、实践、实证——关于方法[*]

各位来宾,非常高兴有机会和大家一起讨论区域国别学的问题。关于区域国别学,我认为有三个基本问题,也可以看作是三部曲。

最初在区域国别学学科出现之前,我曾经集中讨论一个最基本的问题:区域国别学是什么?也就是它的性质。我总结一下,可以把它归纳为:区域国别学是一个独特的学科,它是多学科、跨学科、交叉学科。这是我对区域国别学是什么的基本理解。

区域国别学正式成为一级学科后,我接下来讨论的第二个问题是:区域国别学的目标是什么,也就是区域国别学要做什么。我把它归结为三个词:知形、知心、知行。第一个"形"是形状的形,所谓"知形"就是要知道研究对象国是什么样子,那意味着一切关于它的知识,也就是外形。第二个"心"是内心的心,所谓"知心"就是要知道对象国的心,那里的人在想什么。第三个"行"是行动的行,在知道它的外形、了解它的内心之后,就需要判断它的行为、推测它的行动,从而为我们的决策提供依据。这才是最重要的,区域国别研究的任务是服务于国家。这就是我归纳的三个词。

三部曲的第三部,就是区域国别学怎么做?我归纳为三个词:实

---

[*] 本文基于作者 2023 年 11 月 11 日在华侨大学"范式转移视域下的全球中国与区域国别学"学术研讨会上的主旨报告整理成文。

用、实践、实证。这三个词关乎于区域国别学的方法论，区域国别学应该怎么做。关于区域国别学怎么做，其实也有很多讨论，我今天先说一个问题，涉及认识论的问题。最近这段时间似乎有一种说法，认为区域国别学作为一个学科，既没有理论，也没有框架，目前首先应该坐下来，好好想一下，用什么理论进行研究？有了理论、有了框架以后，再去考虑怎么做。

我觉得这种说法是头脚倒置的，把头放在地上，把脚放在天上。我认为这是一个认识论问题，其本质是：先有理论，还是先有实践？

关于这个问题的讨论至少有过几百年了，在西方的学术界、思想界和哲学界已经讨论了很久，是一个老问题。按照黑格尔的说法，是先有理论，后有实践，他认为这个世界有一个永恒的真理，整个宇宙都受这个永恒真理的控制，先有先验精神的存在，然后再有人的活动。作为人，人的任务就是去体验真理的存在，认识真理是什么，把真理找到了，用这个真理规范行动，世界的秩序就是这样的。

马克思对这个说法进行了尖锐的批判，他说这是把头放在地上，是一种倒置的学说，黑格尔的哲学是头着地的哲学。马克思认为人对外界的了解，先有实践，再有理论，先有物质，才有精神，人在实践中总结归纳，才形成理论。这是马克思主义的一个基本原理，也是我们现在做社会科学、人文学科研究的基本思维方式，是一个基本的哲学原理——当然，自然科学也是按这种方式进行研究的。

毛主席关于这个问题有过非常明确的阐述。毛主席曾经写过一篇文章，非常有名，叫《实践论》。在这篇文章中，他明确指出"实践出真知"。他还举了非常生动的例子，就是在游泳中学会游泳，在战争中学习战争。《实践论》是在延安写的，当时有一批人拿着苏联的教条比划中国革命，说中国共产党人不懂理论，也没有理论。

但理论是从哪里来的？是从实践中来的。不是先有游泳的理论再有人游泳，而是人们先游泳然后总结理论；不是先有战争理论然后再打仗，而是先打仗，在战争中形成理论。中国古代有一个故事叫"纸上谈兵"：赵括熟读兵书，讲起兵法来滔滔不绝，上了战场则一败涂地。我们不是说不要理论，而是说理论来自实践，并且受实践检验。毛主席提出"实践出真知"，这个论断非常明确，就是在实践中总结理论，理论服从实践的需要。应用到中国现在的区域国别学学科，我们应该先做起来，在做的过程中形成理论。

可能大家都记得，45 年以前，改革开放开始前夕，有一篇文章吹响了改革开放的号角，题目是《实践是检验真理的唯一标准》。因为有了这篇文章，才把人们从本本主义、教条主义的束缚中解放出来，开启了中国现代化的新篇章。所以，以实践为基础，在实践的基础上总结出理论，这是改革开放一直到今天能够取得胜利，并且不断取得成功的一个基本经验。

可是我觉得非常奇怪，新中国成立 70 多年了，改革开放也差不多 50 年了，我们在思想上怎么又回到黑格尔那里去了？又回到头朝下的哲学上面去了。具体到区域国别学这个学科，我们应该先去找一个理论，还是先做起来？我觉得当然应该先做起来。只有在实践的过程中才能形成中国特色的区域国别学理论基础，构建出符合中国需要的学科理论框架。

小平同志有一句名言，"摸着石头过河"。什么叫摸着石头过河？想过河就要先下水，下了水再找路，而不是站在岸上先找理论，把理论背熟了再过河。对于没做过的事，只能是先做、再总结。区域国别学是一个新的学科，这个学科的理论体系在哪里？在我们的实践中。小平同志说得非常明确，摸着石头一步一步往前走，最后总结成理论。学科建立起来了,那就先做起来,在做的过程中不断总结经验教训,其中包括取得成功,也包括出现问题,在这个过程中不断摸索,不断总结,学科理论会逐渐出现。当然,有了实践未见得就能够总结出理论,但如果没有实践,我相信根本就不可能出现理论。

在理论与实践关系的问题上,也可以看一下美国的区域国别学发展的过程,从中可以看到一些问题,能够得出一些经验教训。

第二次世界大战之后,美国大张旗鼓、全力以赴地推动区域国别研究,这当然是为当时美国全球战略的需要而服务的。在相当长的一段时间中,美国通过区域国别研究的具体行动,确实取得了不错的成就,为美国的全球战略做出了相当大的贡献。但是在最近20年左右的时间中,美国的区域国别研究发生了一个所谓的政治学转向,这个转向对美国的区域国别研究产生了非常不好的负面影响,甚至形成了重大的打击。

什么叫"政治学转向"?一段时间以来,美国的人文、社会科学研究受自然科学影响,认为不管做什么研究,先拿出一个模型,先设计一套理论,再拿这个理论去套全世界各个国家,根据模型制造结果。这样就回到黑格尔的"头着地"的哲学思维上面去了,这对美国的区域国别研究非常不利。美国在最近几十年时间中在制定国际战略及行为方向方面不断犯错误,我认为和这个政治学转向有直接关系。美国思想传统一向重视经验,注重实用,可以说是经验主义的、实用主义的。美国早期的区域国别研究基本遵循这个思路,因此重视对每一个国家、每一个地区做具体的、精准的了解和研究,提出有针对性的政策设计,解决实际问题。政治学转向之后,很多人相信一种放之四海而皆准的"普适价值",把学术研究变成了意识形态宣传。在方法论上则高度依赖数据和模型,试图寻找一种能够解决一切问题的灵丹妙药。有些声称研究中国的年轻学者甚至公开宣称不需要学习中文了，不懂中文也可以研究中国，结果就变得越来越看不懂中国。美国的这些错误是前车之鉴，中国的区域国别学在起步时就要警惕，不犯同样错误。

由此就回到我今天讲的主题：中国的区域国别学怎么做？前面已经说过了，我归纳为三个词：实用、实践、实证。

什么是实用？实用就是我们必须明确区域国别学是应用型的学科，它不是一个抽象的学科，不是像哲学那样进行抽象思考的学科，它是学以致用的，是为用而学的，学科的任务是为当代中国服务，也为世界服务。也就是说，这门学科的存在就是因为有用，如果不以其致用，就没有理由存在。国家需要它，社会需要它，所以它出现了，在这样一个纷乱不已的世界上，通过这个学科的研究工作，帮助国人看清世界，解决国际间的种种问题。这就是我说的实用。"用"是目标，为用而学。

第二个词，因为区域国别学的目标是"用"，所以学习方法离不开一个词——实践，也就是要在实践中进行了解，要在实践中进行探讨，要在实践中得出自己的结论。为此，就需要在对象国、对象地区长期生活和学习，到现场做研究，在游泳中学习游泳，在战争中学习战争。我们需要知道那个国家是什么样子，知道当地人在想什么，然后知道他们有可能做什么、怎么做，看懂他们的行为模式。所以，我们一定要在当地生活学习的实践中进行研究，不能单靠文献资料去了解一个国家。文献资料是需要查阅的，但仅仅依靠文献资料就是隔靴搔痒。"实践"是第二个关键词，是区域国别学的不二法宝。

第三个词，区域国别学的研究方法是实证的，意思是以事实为依据，结论从事实来，实事求是。这就需要我们去掌握研究对象国、对象地区的一切情况，从这些情况中做出分析，做出判断，然后得出自己的结论，拿出自己的判断。区域国别学不能变成纸上谈兵，不能变成人云亦云，研究的出发点是事实，判断的依据仍旧是事实。区域国别学绝不是从理论到理论、从抽象到抽象的思想游戏，而是用实证的手段、实践的行动，完成研究工作。想象是不可以的，推测是靠不住的，想象和推测都不是事实，只有事实最说明问题。我们不认为全世界普天之下有一个普适的真理，只要把这个真理找出来，一切问题迎刃而解。如果是这样，区域国别研究就不需要做了，拿一个普适理论套一套就可以了。我们这个世界千头万绪、千变万化，那么多国家，那么多地区，不可能用一种说法一以概之。区域国别研究就是要把独特的东西找出来，从事实中发现其独特，而研以致用。

区域国别学的教材编纂问题[*]

我想在今天这个会议上,大家都达成一个共识:我们都意识到要做好这套教材、做好这个项目,最重要的工作不是去罗列某个国家的基本事实,而是通过我们的研究,把一个国家或一个地区的基本特征写出来。只有这样,我们才能够不把它写成另外一套"列国志"。

国家非常重视区域国别研究的成果出版问题,专门召开会议,布置了出版任务,把区域国别著作的出版分成五大类:第一类是原创性著作,就是中国学者自己撰写的研究型成果。第二类是翻译作品,翻译的范围很广,不仅是近二三十年的著作,也不局限于欧美国家,只要是和区域国别研究相关的著作都可以引进翻译,即便是一百年以前甚至更早的区域国别研究作品,只要质量好,可以帮助我们了解和分析某个地区、某个国家,也可以把它翻译过来。第三类是游记和笔记,比如说我们的驻外记者、派驻外交官或其他在国外生活、工作很久的人,他们写下的有价值的笔记、随笔,也可以将其出版。西方从大概18世纪开始就有了旅行文学的传统,很多西方人到埃及、土耳其、印度,甚至中国,都会写一些观察性质的游记、笔记,这些作品也可以翻译出版,让中国读者了解更多、更有历史感的外国知识。第

---

[*] 本文基于作者 2025 年 1 月 10 日在北京外国语大学"区域国别学基础教材系列丛书编写推进会"上的发言整理成文。

四类是重做"列国志",社会科学文献出版社组织编写"列国志"丛书,产生了较大的社会影响,现在要重做,做得更好,更贴近时代的变化。第五类是整理、统计19世纪以来中国人编写、出版的关于外国的书籍,要编写目录,提供查询。可以说,现阶段国家关于区域国别研究的出版工作已做出比较宏观的部署;有一段时间对研究外国的作品出版管理比较严,很多好作品出不来,大家想必都有体会。但今后应该会有很大改观,期待相关政策很快落实。

我们正在做什么?我们做的是教材。区域国别学成为一级学科后急需教材,这是大家都知道的,而且很迫切。但教材要按照教材的要求做,不能做成列国志。社会科学文献出版社已经出版并且正在修订"列国志",影响已经很大了;我们不需要再写一套"列国志",我今天发言就着重讲这个问题,想提醒大家,尤其是各位主编,不要把自己的作品按"列国志"的方式写,从思想目标上就解决这个问题。

那么如何避免不做成"列国志"?我觉得有两条基本原则。第一是用教材的标准来写作、衡量我们的作品,这样就能够在作品的根本性质方面和"列国志"区分开。教材编写当然有一套固定的标准,包括写作对象是谁,教材写作的体例如何等,以及装帧、版式等等,这些都应该按照国际常用的教材标准来做。

第二个原则是不能只有知识的陈述和信息的传递,不能仅仅把某个国家、某个地区或国际组织的基本知识写下来,仅仅介绍这些知识。我此前也曾说过,如果给一个书稿打分,满分是100分,那么知识介绍占30分,提出问题占30分,回答问题占30分,还有10分留给文笔通顺、书籍装帧、版式设计和印刷质量等等。因此,知识的介绍当然重要,因为我们编写的是教材,没有对事实与现象的陈述是不可接受的,但仅有对知识和现象的陈述也是不够的,只能得30分。

接下来谈民族性的问题，这个问题和我们的写作密切相关。所谓民族性，是指一个民族的基本特征，是它的"基因"，要把"基因"写出来。写巴西就要写出"巴西性"，写英国就要写出"英国性"，写美国就要写出"美国性"，写日本就要写出"日本性"，等等。为了能够写出民族性，写作时需要有一定的问题意识，要有针对性地提出一些问题，而这些问题能够帮助我们写出民族性。每个国家都有它的特殊之处，为什么出现这些特殊情况？回答好了，民族性就写出来了。比如写北欧那几个国家，我们都知道那几个国家是很像的，如果只写一般都看得到的那些现象，那些情况，那么丹麦那本书、瑞典那本书、挪威那本书就差不多了，读者分不清楚。怎么才能使读者明白丹麦是丹麦、瑞典是瑞典、挪威是挪威呢？那就要提出问题：针对丹麦的是丹麦的问题，针对瑞典的是瑞典的问题，针对挪威的是挪威的问题；问题回答出来了，民族性就写出来了。因此，写作中很重要的任务就是切入一个国家的核心特征，把它清楚地呈现出来。

写民族性，第一步是提出问题，这个问题一下就切入这个国家的核心部位；接下来是回答问题，回答这个国家的特性、"基因"是如何形成的。原因会来自很多方面，涉及很多因素，比如自然环境、地理位置、资源禀赋、生存依据等等。这些因素影响到一个国家的民族特征，尤其是在人类社会早期，外在因素发挥的作用相当大。

除了外在因素之外，还有一个历史进程问题。历史上发生过的事会成为决定一个国家产生某种特殊性的关键因素；这一点，我想研究任何一个国家的学者都深有体会。英国怎么会是现在这个面貌？英国人的特殊性怎么是这样？这当然跟它两千年的历史过程密切相关，比如说，法治一直是英国历史中比较突出的一条线，法治传统很早就在英国形成了。但法治的形成是一个延续数百上千年的漫长过程，是一个"历史",如果我们追溯到《大宪章》那里,距今已经超过八百年。所以我们应该在历史的脉络中把握国民性的形成与发展。

因此,我认为外在因素和历史进程因素对于我们理解某一个国家的国民性至关重要。我们写一个国家会分成政治、经济、文化等不同的章节,所有这些内容都和外在的因素、历史的因素紧密相连。如果在写每一个章节时都抓住了这两大因素,那么,民族的特殊性就写出来了,全书也就有了清楚的主线。

我希望主编们在写作时抓住这两条线,我认为这两条线是决定国家性、民族性的关键。当然,把这两条线梳理出来并不是容易的事情,但如果能做到这一点,我们的作品就不仅和"列国志"有明显的区别,而且在学术水平上也更上一层楼。教材对我们来说是什么?是向学生传授知识的手段。我们向学生传授的知识,不仅是看得见的现象,而且是思想,是思考,是对现象的分析。好的教材应该达到这样的水平,所以我特别期待每一本教材都能够围绕国家性、民族性的主题来写作,这样,这套教材才有意义,才能把世界上那么多的国家写出来,真正起到传授的作用。仅仅罗列现象,那就太浅了。我期待每一个作者都朝这个方向努力,最终能够取得非常好的效果。当然我也能理解研究那些较小的国家、此前研究基础比较薄弱的国家要达到这样的要求确实难度很大,但我还是希望认准目标,朝这个方向努力。

【提问环节】

日本卷作者:我们这本书有三章是关于日本外交的,一章关于日本的对外政策,一章关于中日关系,一章关于日本的外交政策。目前我们正在合并外交政策和对外政策这两章,合并以后的篇幅已经达到了接近 7 万字。但是中日关系还是单独一章。不知道这样写，外交相关的章节是否过多？

钱乘旦：其实一章就足够了。把外交问题分成几个方面各自写，写一部外交史还可以，但在我们的教材里就没有必要。因为一国的外交政策是不固定的，会随着时代的变化而变化，大而化之地讨论日本的外交政策是什么，是很难说清楚的。如果只讨论日本近代外交政策，那也至少要从明治维新开始写，内容仍然很多。我们毕竟不是写日本外交史，外交问题在教材中只是一个部分，要和其他部分比例相当。很多内容是可以分散在不同章节里写的，比如明治维新后日本迅速走上对外扩张的道路，以后大半个世纪都是这样，这应该是单独的一章，就是对外扩张，从明治写到二战结束，包括对华侵略、发动太平洋战争等等，没有必要把明治时期单独拿出来写。日本吞并中国的野心是它对外扩张政策中非常重要的一环，甚至可以说是明治以后的基本国策。

相反，将日本的对华扩张政策放在外交政策一章里面写，反而会造成一些麻烦。毕竟换一届政府，外交政策就可能调整。日本的外交政策在不同首相任职期间会有不同，很难去总结。现在石破茂政府的外交政策和前任岸田文雄政府的外交政策就有所区别，至于说今后日本外交政策的走向究竟如何，我们也不是很有把握，不写为好，即使写也无法下结论。

您刚才提到学生可能只对中日关系感兴趣，甚至只对日本侵华史感兴趣。但或许我们写教材的目的就是要引导学生认识更加全面的日本历史，并且纠正一些长期以来大家一直误以为真的"误说"。我们学习日本史，肯定不是只知道日本对中国的态度就可以了。现在国人中仍有很多人认为日本就是"小中华"，一直学习和模仿中国，一直到明治维新以后才转而向西方学习。但事实并非如此。进入幕府时代，日本就逐渐将律令制废弃了，律令制是从中国唐朝学去的。幕府时代以后六七百年时间里，日本所选择的道路、所奉行的体制都和中国有明显差别。即使在7世纪大化改新以后，日本作为律令国家的那段时期，日本的体制和中国的皇权大一统也是有区别的。比如日本的贵族和官僚一直都有某种独立性，这就和中国不一样。另外，日本一直没有发展出科举制这种优绩录用的制度，使贵族集团的力量一直强大。长期以来，国人对日本和中国的相似性、对中国体制的模仿程度都夸大了，这是我们有必要去纠正的历史认识。作为教材，关于日本的内容太多了，不仅仅是外交问题，我们要向学生传授全面的知识，这才是区域国别学应有的责任。我强调一下：区域国别学不等于外交学，不等于国际关系研究。

第四部分
成长时代

背景说明

　　区域国别学成为一级学科，引起社会的高度重视。但作为一个没有先例可循的新学科，它的成长道路必定不平坦。最大的问题是：人们看不准这条路究竟在哪里，而传统的思维方式主宰人们的思想，总是以习惯为指针，结果又重走老路，回到各自熟悉的单一学科那里去了——在政治学那里它是第二政治学，在历史学那里它是第二历史学，在国际关系学那里它是第二国际关系学，诸如此类。其根源所在，仍然是对"交叉学科"的认识不深，没有牢牢记住区域国别学是一个交叉学科，必须在学科建设的方方面面落实"交叉"。以下这组文章不断强调交叉问题，似乎不断重复，而实际上确实在不断重复，因为在本书杀青之时，交叉问题仍然没有彻底解决。但交叉问题不解决，学科的方向其实是不明的，造成的结果可能是：各授权点各走各的路，无意中就走老路。一旦出现这种情况，区域国别学的学科初衷就被忘记了，这是大家不愿意看到的。"交叉"的落实，需要在每一个环节上进行落实，甚至在招生这个环节上就开始体现，试想：如果生源来自同一个学科（例如国际关系学），而学位授权点又挂在国际关系学院，那么以后的每一个环节如何落实学科交叉？可能很难。由此出发，我认为在中国的学科体制下，应该为区域国别学单独设置二级学院，或者单独的研究所、研究院，正如物理学有物理学院，化学有化学学院那样。区域国别学与其他学科如何融通，如何形成"跨学科"，这也是个重要问题，以下文章中有几篇是专门讨论这个问题的，也提供读者参考。

区域国别学学科建设的当务之急 *

各位学者，各位代表，今天我想谈一些具体问题，说一点自己的想法，所以我请会议主办方把我的发言从致辞调整到引领性发言环节。

我今天的发言题目是"区域国别学学科建设的当务之急"，为什么讲这样一个题目？区域国别学作为一个新的学科出现，经历了诸多困难和挑战，在学校工作的同仁都能理解，建一个新学科的难度不亚于建一所新的学校。新的学科建起来之后，我们借用毛泽东主席的说法：万里长征走了第一步，以后要做的事情还很多，而且会更加困难，任务更加艰巨。因此，尽管大家对区域国别学新学科的出现欢欣鼓舞，热情高涨，但是我们一定要意识到，今后需要做的工作比建一个新的学科要多得多，难得多。

但面对如此繁重的学科建设任务，仍然存在一个轻重缓急的问题，我们现在应该做什么？我想讲讲当务之急。

当务之急做什么？第一，统一思想，第二，设点布局；这就是当务之急。无论是统一思想，还是设点布局，这是我们走好第一步的关键。如果说第一步走得不好，后面再试图把它给拧过来就太难了。所以我特别希望区域国别学学科建设的第一步要走得好，迈得正，这样

---

* 本文基于作者 2024 年 3 月 16 日在西北大学举办的第四届中国区域国别学 50 人论坛上的发言整理成文。

以后的道路就比较顺。

我先讲统一思想的问题。统一思想是为了设点布局，设点布局是为了走好第一步。在我看来，统一思想是指什么？我们必须再次回顾我们的初衷，就是区域国别学是什么？我们为什么要建这样一个新的学科？我认为无论在什么时候、什么地方，都不能忘记区域国别学的基本属性，即它是交叉学科。这在国务院学位委员会颁布的新版《研究生教育学科专业目录》里写得很清楚，区域国别学属于交叉学科门类。我们无论如何不能忘记"交叉"二字，我们一定要牢牢记住、牢牢把握区域国别学是交叉学科的属性。如果我们不能把握"交叉"这两个字，第一步是迈不好的，即使迈出去，以后的工作也会有问题。

因此，牢记区域国别学是交叉学科，这就是把握方向，是方向盘，绝不能动摇。"交叉"是什么意思？这是每一位愿意投身于区域国别学的学科建设、愿意发展这个学科的学者和其他同仁们需要首先思考的大问题。统一思想，就是要统一在"交叉"二字上，牢记"交叉"这两个字，就能把"交叉"落实到学科建设的每一个环节上，而不会把区域国别学变成另一个国关、另一个国政、另一个世界史等等。我们已经有国关、国政、世界史了，而且都很成熟；我们需要的是一个新的学科，作为"交叉学科"的区域国别学，以弥补之前《研究生教育学科专业目录》上的缺欠。

如果记住了"交叉"二字，有三件事需要做：第一，要设计好二级学科。现在很多学校都在争取一级学科学位点，但在申请一级学科时需要确定二级学科。我认为在填写二级学科时，一定要体现出"交叉"的性质。如果填写的二级学科让人感觉与政治学、历史学、经济学、社会学等等这些已有的学科并无二致，那么，为什么新设一个区域国别学？我们没有必要再设一个历史学，再设一个政治学，再设一个社会学，等等。区域国别学和它们的区别就在于：它是一个交叉的学科。

因此，我认为在设计二级学科时，每一个都应能够让人一眼就意识到那是交叉的，它的内涵不是之前任何一个已有的单一学科所能涵盖的，应该以这个标准进行设计，这是当务之急的第一件事。有些单位已经在填写申报表了，这个问题希望能够引起注意。

第二要制定好新的课程体系。我曾经在首都师范大学区域与国别研究院建院的会议上提到过，要拿出一张交叉的课程表。也就是说，这张课程表不是之前曾经出现过的任何一张课程表，而是带有强烈交叉性质的新课程表，适合于区域国别学人才培养需要的课程表。申报学位点在课程体系方面也是有要求的，所以课程体系的设计也是当务之急。

第三要完善机构建制。现在很多学校都建立了区域国别研究所或研究院，无论是早就建立、已经行之有效的机构，还是匆忙建起来、尚待完备的机制，我认为这些机构必须明确它的任务是建设交叉学科，培养"交叉"人才。为此，这些机构必须要有一定的独立性，而不是某个二级学院的附属机构。

第四要明确学科标准。在区域国别学学科评议组发布的学科指南中，规定了很多具体要求和指导意见。我建议把这些规定昭示天下，不仅以某种文字的方式公布，而且在正式设点之前举办宣讲会这样的活动，把相关要求清清楚楚地告诉大家，这是思想统一的重要一步。

下面讲设点布局问题，设点布局与统一思想同等重要，同样是最迫切的当务之急。大家都希望能够第一批成为区域国别学学位点，进入区域国别学一级学科的行列。需要注意的是，设点布局应该有严格的标准，既然已经有了学科指南，在设点的时候就应该按照指南严格执行。我们经常说区域国别学是为国家服务的，是为人民服务的，是为世界和平与发展服务的。既然有这么大的目标，设点就不应考虑其他因素，只考虑有利于学科的建设与发展。设点具有示范效应，规范着今后的发展方向。

我认为最基本的判断标准是"交叉"：一个单位是不是交叉，能不能交叉，申请表有没有体现交叉，今后准备如何交叉？这些都是最基本的问题。交叉应体现在各个方面，包括二级学科的设计，课程体系的安排，培养思想的表达，师资队伍的建设，等等，总之，一切围绕"交叉"。

在明确"交叉"的基础上，我认为需要具备三个条件：

第一，要明确体现对象国或地区。有些申报单位设计的二级学科不反映具体对象，既没有地区，也没有国别。但没有地区和国家，怎么能符合"区域国别"的定位？区域国别学的名称就严格限定了它的地域属性，如果没有明确的研究对象国或地区，如何能体现区域国别学的基本概念？我认为凡是申请区域国别学学位点的单位，都应该写清楚对象国或对象地区，这样才能完成区域国别学所赋予的学科任务。

第二，要有对象国或地区的语言能力。从事区域国别研究的学生或者学者，无论研究世界上哪一个国家或地区，一定要掌握当地语言，这是中国学术界一个很大的缺陷，以后一定要弥补。比如说研究印度的学者，如果不懂印度的当地语言，只会英语，够不够？是不够的，尽管印度的官方语言是英语，但民间仍讲地方语言，没有这些语言能力，不足以弄透印度。同样，研究东欧或南美国家，只会英语可以吗？显然是不行的。不掌握当地语言，是做不好那个地区或国家的研究的。只用英语做研究，无异把英美学者的话语搬过来，变成英国人、美国人的传声筒了。因此，具备对象国的语言能力是一个必备条件。

第三，要到当地去生活和学习，要在当地做研究。区域国别学是开销巨大的事业，老百姓的说法就是"烧钱"。一个单位想申报区域国别学科点，一开始就要讲清楚，须保证充足的经费支持，没有经费，学科建设寸步难行。另一方面，有了经费应该主要用在人才培养上，比如帮助他们学习语言，尤其是把他们送到对象国、对象地区长期生活学习，在当地做研究。

最后，布点时建议不要以"985""211"院校作为标准，而是以这个单位是不是符合区域国别学的建设要求来判断。"985""211"是表达一个学校的整体力量，不妨碍在那些非"985"、非"211"学校，有一些特殊专业、特殊方向非常强，积累了非常好的区域国别研究基础，且非常愿意加入到区域国别学的学科建设中来，愿意培养优秀的区域国别学人才。因此，我不认为"985""211"是评判标准，应该发掘和支持一批有基础、有能力、有意愿的学校，无论是不是"985""211"，让它们出来，带头走好区域国别学学科建设的第一步。

新局面的新思考 *

我今天发言的题目是《新局面的新思考——关于区域国别学的发展》。

"新局面"指的是我们经过这么多年的努力,新的一级学科已经出现了。最近这段时间,我们又做了很多的工作,第一批博士点已经设立,据我所知,一批985高校自设了博士点,此外,学科评议组经过讨论,也在8所高校设置了一级学科,所以加在一起差不多二十几个。至此,经过长期努力,区域国别学作为一个独立的一级学科,开始落实到行动层面,这是一个新局面。与早先关于是否需要设置一级学科的讨论阶段相比,已经迎来全新的发展阶段。

毛主席在新中国成立伊始曾经说:革命胜利仅仅是万里长征走完第一步,胜利以后的道路更长、更艰巨。这句话放在区域国别学一级学科建立来看,同样适用。一级学科建立之后,未来道路更长,需要做的事更多,也更加困难。因此,在万里长征走了第一步之后,面对学科建立的新局面,下面的路应该怎么走?我想谈谈个人想法。

---

* 本文基于作者2024年9月21日在"高校区域国别学人才培养与学科建设联盟"第六届年会上的发言整理成文。

一、进一步发挥高盟的作用

"高校区域国别学人才培养与学科建设联盟"（下文简称高盟）要继续做好组织建设工作，发挥好联络和凝聚各单位力量的作用。事实上，在区域国别学一级学科申报的过程中，高盟及高盟各校发挥了重要作用。教育部最早考虑设置区域国别学一级学科时，曾要求我们围绕设置一级学科的必要性在学界开展广泛调研，了解学界是否支持将区域国别学设为一级学科。我们当时发放了几百份调研问卷，绝大部分都面向高盟所属高校，调研结果也很理想，超过95%的问卷反馈给予肯定答复，支持将区域国别学设置为一级学科。在之后一段时间里，高盟持续不断在学界呼吁，成功凝聚和推动形成一种积极的民意表达，在此基础上，教育部认真考虑这一诉求，所以高盟发挥了很好的作用。当然，另一个层面是国家对区域国别学的战略需要，结果，国家需要与学界呼声相结合，最终使区域国别学成为新的一级学科。现在，区域国别学一级学科已经建立，第一批布点工作也已完成，在此背景下，高盟是否还需要存在呢？我认为高盟还需要继续存在，并发挥积极作用。

打个比方。英国的政党制度由三个部分组成：一是领袖，就是议会党团；二是组织，即全国上下的组织机构；三是运动，包括政党大量的基层支持者，或者说"基本盘"。如果比照英国的政党制度，那么高盟的作用就是运动，高盟的任务是体现学界的意愿，特别是面对新学科设立、第一次布点工作已经完成的局面，高盟应该发挥更大的作用。类似今天这个由高盟牵头举办的大规模的学术研讨会，当然可以继续办，但绝不仅限于此，我认为高盟还应该进一步发挥强化群众基础的作用，努力把高盟建设成区域国别学学科建设的交流与监督平台。各加盟学校可以通过高盟这个平台交流经验、处理难题，讨论与区域国别学相关的各种问题，使高盟成为一个发表各种意见的场地。同时，区域国别学作为一个新的学科，如何确保正确的发展方向是一个核心议题。高盟作为"运动"，是群众呼声和学术共同体意志的表达，可以在监督学科发展方向和路径方面发挥作用，保证新学科建立起来后不走弯路，不走歪路，不走错路。

除了举办学术会议、评奖授奖这些活动之外，高盟还可以考虑设置公众号、电子刊物等平台，收集和发布区域国别学的各种动态，提供民意表达的机制；也可以与四百多家教育部国别与区域研究培育基地和备案中心，以及正在筹建的中国高等教育学会区域国别学研究分会等组织建立更多的联系，在区域国别学学科发展道路上共同发挥更大更好的作用。

二、进一步做好学位点布点工作

一级学科建立后，已有一部分985高校自设区域国别学学位点，加上学科评议组评出的学位点，已经有20多所高校获得了培养博士、硕士的资格，真正启动了学位点的建设工作。布点工作是我国区域国别学一级学科发展道路上的重要里程碑，也标志着区域国别学的人才培养工作正式开始，所以非常重要。但布点过程中也出现一些问题，需要反思和弥补。

今年5月份，国务院学位委员会下发两个文件，其中在《新增博士硕士学位授权审核申请基本条件》（下文简称《基本条件》）中，明确规定了区域国别学一级学科申请的基本条件和要求。其中很重要、很关键的一个条件，是要求申报单位已经具备4个以上已有一级学科的学位点，其中两个应该是博士学位点。这个规定是由区域国别学的"交叉"属性所限定的——没有一定数量的现有学科，怎能进行"交叉"？试想：如果某单位只有一个学位点，甚至一个都没有，它和谁"交叉"？

但在第一批拿到区域国别学博硕士学位点的单位中，有些并没有达到这个要求，显然违背了《基本条件》的规定。

我个人理解，第一批学位点的设置工作出现这样的偏差，首先是脱离了区域国别学的"交叉"性质，而这个性质是应该牢牢把握的。其次是没有把"区域国别研究"和"区域国别学"两个概念区分开，导致认识上的误区。区域国别研究是一个学术领域，它的任务是做研究，拿出研究成果，为政府制定政策、民间进行交流和其他涉外活动提供学术支撑。但是区域国别学的任务与区域国别研究是不一样的，区域国别学是一个学科，学科的任务是培养人才，为国家培养区域国别研究方面的专门人才，这些人才有相当一部分将进入区域国别研究部门（比如研究中心或研究所）工作，也可以成为公司、企业、文化、体育等各方面的实际工作者。假如我们能够把区域国别研究和区域国别学这两个看起来一样，但性质和任务完全不同的概念区别清楚，能够准确把握做研究和人才培养不同的任务和不同的目标方向，那么对于如何把握学位布点标准就会变得更加明确。例如，某一单位现阶段在培养学生方面不具备基本的条件（就是所要求的4个一级学科），那就暂缓在这个单位布点，等到条件成熟、达到布点要求时再考虑布点；但这不妨碍这些单位成为区域国别研究的重要基地，拿出重要研究成果，为国家做出重要贡献。

关于学位点申请的基本要求中，还包括申请单位"具有相关一级学科硕士学位授权点满三年，并有两届以上硕士研究生毕业"。既然学科评议组正式下达的《基本条件》中，明确提出了这样的要求，理当按照这些要求进行布点，这样的布点才能发挥示范作用，并且加强了文件的权威性，也加强了评议组的信誉力。

关于布点之后的学位问题，新《研究生教育学科专业目录》中区域国别学一级学科后面有一个括号，可以授予经济学、法学、文学和历史学四种不同学位。我认为无论授予哪种学位，在学位证书上一定要体现出区域国别学的学科领域，非常清晰地写出"区域国别学"这几个字，否则由区域国别学培养出来的学生，怎能体现与其他传统学科（如经济学）培养出的学生的区别呢？如何授学位的问题需要每一个已布点单位去认真思考，应清楚体现出区域国别学的人才培养特色。

三、关于学科建设问题

学位点的建设和学科的建设也是两个概念，关于学科建设的问题我想谈两点。

首先是二级学科如何设置。在区域国别学一级学科的申请条件和基本要求中，建议设置以下6个二级学科：一是区域国别学理论与方法，二是区域国别综合研究，三是区域国别专题研究，四是区域国别比较研究，五是中外文明交流互鉴，六是全球与区域治理。我认为，这6个选项，无论在填报二级学科时如何选择，都必须明确说明研究对象是哪个国家或哪个地区；如果不具体到哪个国家或哪个地区，总不能研究全世界吧？如果是研究全世界，怎么能叫区域国别学呢？我一直强调区域国别学的地域性，没有明确的地域性，就谈不上培养"通才＋专才"。一个单位资源有限，即使像北大这样学科门类相对齐全的学校，也没有能力研究全世界。由此出发，我认为学科评议组在审批学位授权点时应严格把握研究对象的地域性要求，二级学科中没有明确地域定性的，不应批准；因为它不可能研究全世界，它的师资力量不可能强大到指导研究全世界的学生。

据我所知，已获得学位授权点的单位中，并不是全都做到这一点。有些单位设置的二级学科，和国际关系、国际政治，或世界历史、世界经济所设的二级学科并没有显著区别。如果以后所有的区域国别学学位点都是这样，那么区域国别学这个新的学科，和已有的世界历史、世界经济、国际关系、国际政治等传统学科有什么区别呢？既然国务院学位委员会发布的学位授权点文件已明确要求，一定要有具体的地区或者国别作为学生学习和研究的对象，那么这个问题就要引起足够的重视了。我希望在以后设点时，牢牢守住这个要求。

其次是学术队伍问题。《基本条件》明确要求每个二级学科的专任教师应不少于 5 名，包括至少 2 名教授、2 名博士生导师，其他教师应以硕士生导师为主；每个二级学科需要有一个学术带头人等等。这些要求是很具体的，今后希望拿到学位点的单位，在建设团队时就应该按照既定的要求去努力做，不要把区域国别学的学科建设做虚了。区域国别学的学科建设需要有专业团队，这个团队确实是做区域国别研究的，而不是做其他学科的研究工作。每一个已布点和日后希望申请学位点的单位都应该向这个方向去努力。

四、关于课程建设问题

课程建设也是我们下一步需要努力去做的重要工作。我曾经在其他会议的发言中提过，如何评估一个单位是不是真的在培养区域国别学的人才，其中一个重要标准就是是否能拿出一张体现交叉性质的课程表。在上文提到的《基本条件》中，对于课程体系的要求包括三个模块：一是地区模块，即明确研究的具体国家或地区；二是语言模块，即掌握对象国或地区的通用语言；三是专业模块，即在通才的基础上成为专才，在某一个学术领域成为专家。什么样的课程体系才能培养出什么样的人，希望已经获得学位点的学校按照《基本条件》的要求做好课程建设，特别注意在课程设计上体现出交叉的特点。

五、建设独立的学科机构

建设独立的学科机构对于区域国别学学科建设是必要的条件，我不认为区域国别学作为一级学科应该放在某一个现有的二级学院中，比如放在外语学院、历史学院、或国际关系学院等。曾经有相关部门的领导同志到学校调研，他多次询问区域与国别研究院到底是一个独立单位还是挂靠单位？他的要求应该是独立单位，不隶属于任何一个现有的二级学院。我觉得这个要求是很正确的，如果没有独立机构，区域国别学作为一个交叉学科，其交叉性是非常难以维持的，很容易被所挂靠的二级学院同化掉。

六、思想建设

思想建设能够统率前面说到的五方面建设。思想建设可以概括为一句话——区域国别学是服务国家的交叉学科。从事区域国别学学科建设的人，首先要统一思想，凝聚共识，始终坚持区域国别学的交叉性质，通过多学科的共同努力，把交叉的特色充分落实到人才培养、学术研究等各方面，从而完成区域国别学所承担的各项任务。我们千万不要忘记区域国别学是为国家的发展、国家的战略服务的。区域国别学不是一个纯理论的学科,而是一个实用的学科,它通过人才培养和学术研究,为中国更好地应对外部世界的复杂变化、参与全球事务、更坚定地走向世界并与世界友好交往提供学术和智力支持。

区域国别学的性质、目标与路径 *

区域国别学成为一级学科后，关于应不应该设立这个学科的争论就消失了，因为答案已经明确了。但关于这个学科是什么、性质如何、内涵多大、怎样建设、需要做什么这一类的问题却没有完全解决，人们有不同的看法，甚至在有些人内心深处，"该不该"的问题其实没有解决，只是换个方式表现而已。新事物出现有不同想法当属正常，不过在新学科开启之初形成共识还是必要的，新的讨论仍旧必要。本文即对这一类问题说一些个人看法，以求参与讨论。

一、区域国别学的性质

在讨论性质之前，先要对两个概念加以区分，即"区域国别学"和"区域国别研究"。一般会认为：这两个概念是等同的，"区域国别学"就是"区域国别研究"。我不这么看，我认为这两个概念各有其内涵，其目标和任务是不同的，假若不加区分，很多问题就说不清楚，困惑也就无从消除。二者区分在哪里？"区域国别学"是一个学科，"区域国别研究"是一个研究领域，学科的任务是培养人，领域的任务是做研究。"区域国别研究"作为领域，其任务是对世界各国、各地区

---

* 本文首发于《国际观察》2024 年第 4 期，第 134—140 页。

进行全方位、多角度的研究和探讨，帮助国人了解世界，为国家制定政策和开展各类涉外工作提供学术和智识支撑。但做研究需要人，"区域国别学"就是为这个领域培养人的；经过培养，一批能在我国各类涉外工作中既可胜任学术研究又能从事实际工作的专门人才将涌现。

所以，这两个概念是不同的，不可混为一谈。关于区域国别学的许多困惑乃至反对意见经常是由混淆二者造成的，一旦弄明白二者的区分，对区域国别学的重要性就容易理解了。那么，作为一个学科，区域国别学与其他固有的学科（例如外语、国关等等）相比，有什么特别之处？特别之处在于：就性质而言，区域国别学是"交叉学科"，之前存在的学科都是单一学科；在教育部新近公布的研究生培养目录上，区域国别学被列于"交叉学科"这个新门类之下，与人们以前熟悉的单一学科（如物理学、政治学等等）明显区分。牢牢记住区域国别学是"交叉学科"非常重要，否则就很容易回到人们的惯性思维上去，把区域国别学也当作单一学科处理，从而在人才培养的各个环节上（如招生、考核、课程、教学等方面），以单一学科模式设计，结果就有意无意地把它拉回到单一学科上去了——尤其是在新版《研究生教育学科专业目录》上有一个括号里写着"可授经济学、法学、文学、历史学学位"，这是不是意味着：区域国别学的培养方式可与这四个门类的习惯做法无异呢？如果是这样，那么具有"学科交叉"性质的区域国别学人才，又如何培养出来？这是我们非常担忧的。

面对"交叉学科"的出现，经常会有人问：区域国别学的"学科边界"在哪里？如果我们牢牢记住"交叉学科"在本质上与单一学科不同，那么这个问题是不会提出来的。"交叉学科"的本质就是交叉，"交叉"意味着突破边界而形成学科间的互相融通；"边界"则是自我设限、不许越界。这样一种关于学科的理念在19世纪是存在的，

20世纪以后就不合时宜了。试看这几十年的科学发展,理工医农四大类,几乎所有的突破性研究成果都是交叉的结果。文科也在交叉,交叉在国际学术界盛行,比如历史学,已经交叉得很厉害,由此产生了20世纪的"新史学"。其他文科也在交叉,出现了像教育心理学、历史社会学等等这样的新领域。"学科边界说"不利于学术发展,是应该摒弃的。

总之,区域国别学是什么?我的回答是:它是一个多学科,一个跨学科,一个交叉学科。

二、区域国别学的必要性

我曾多次说过:区域国别学是大国之学、实用之学,意思是说:大国需要这个学科,需要它为现实服务。区域国别研究作为学术领域,发轫于二战结束后的美国,英文是 Area Studies。那个时候的背景是:热战结束了,冷战开始了,美苏两个大国尖锐对立,世界划分为两个阵营,而亚非拉的民族解放运动和反帝反殖斗争如火如荼、轰轰烈烈,一大批殖民地摆脱殖民统治,成为独立国家。面对这种形势,作为资本主义世界的龙头老大、霸权国家,美国迫切需要了解这些新独立的国家,以便制定针对这些国家的政策和立场,在美苏对峙局面中抢占先手。这样,区域国别学就在美国出现了,并流传到西欧那几个大国甚至日本。由此可见:区域国别学是应运而生的,因有用而出现。大国需要这个学科,因为大国在世界各地都会有利害关系,所以需要了解和研究世界;小国没有这些麻烦,它们不大关心外界状况,因此对区域国别研究没什么兴趣。

中国改革开放以后各方面发展都很快,在短时间内成为世界重要的经济和政治力量，其影响力稳步上升。但由于长期以来中国主要关注国内事务，解决"站起来"和"富起来"的任务，因此对外部的关心相对不够，对世界的了解很不充分，对很多地方几乎无知。这种情况与中国日益加强的国际影响力和与日俱增的国际交流现状是很不相称的，因此，我们需要在最短时间内弥补缺失，强化对外部世界的了解。但了解有赖于学术的支撑，而学术需要有人去做，没有人恰恰是不了解的重要原因。然而在中国体制下，没有"学科"就不能培养人——这是学术界人人都知道的事。由此可知，中国需要一个能培养这方面人才的新学科，这个学科正是"区域国别学"。中国的区域国别学就是在这样一个背景下出现的，同样是"应运而生"。从这个角度回顾前些时候出现的"该不该"的争论，其实是没有必要的，如果从国家需要这个角度出发而不是更多地考虑"我这个学科"，争论是不会出现的。

国家领导非常重视区域国别研究，三番五次指示要加快推进力度。社会各界对这个问题一直有切肤之痛，他们在实际工作中深深感觉到了解世界的重要性，明白对外工作需要学术的支撑。在这个背景下，2021年6月教育部启动了关于增设区域国别学一级学科的论证咨询工作，委托北京大学牵头，邀请了复旦大学、浙江大学、山东大学、东北师范大学、云南大学、中国现代国际关系研究院等单位来自不同学科的七位专家组成工作组，就是否设置"区域国别学"一级学科问题展开研讨，对其范畴、内涵、成熟度等进行论证，最终达成以下共识：（1）在世界正经历重大变局的时刻，加强学科交叉背景下的区域国别研究、培养复合型人才的工作非常重要，十分紧迫。（2）但由于缺乏必要的学科，人才培养严重滞后，很难满足国家的需要，因此需要尽快推进区域国别研究的学科建设，弥补缺失。（3）区域国别研究在我国早已有之，但一直未能纳入现有的学科体系，致使其发展受到制约，因此设立"区域国别学"一级学科已是当务之急。(4)设置该学科在现时正值良好机遇，一是国内学术界对区域国别研究的重要性已有认识，二是国内一些高校已先行先试，积累了一定经验，三是国家正在调整研究生培养目录，已将"交叉学科"设为新的门类，政策上的放开为"区域国别学"成为一级学科提供了极好的机会。所以工作组一致认为："在交叉学科门类下设置'区域国别学'一级学科很有必要。"从这时起，持续了两年多的区域国别学一级学科的设置过程就开始了。

过程得到社会各方面的关心和支持，高层领导始终关注这件事，政府职能部门则积极推动，保证过程稳步进行。教育部、财政部等五部委联合发文，要求加强区域国别研究，将国家的战略部署落到实处。国内多所著名高校（比如北京大学）积极响应，加大了校内的支持力度，在机制、经费、人员安排等方面做出具体安排，并在条件和政策允许的前提下自主设立了一批区域国别学一级学科（或二级学科）。一大批学者，其中不乏在多个领域享有盛名的领军学者热情投入到这个过程中，对最终形成学界多数人的共识产生了重要影响。与此同步，大量高校教师满腔热情地参与到新学科的建立过程中，他们在各个场合表达新学科的必要性，向社会各界展示了新学科的社会基础。在此尤须提到：教育部国别和区域研究工作秘书处曾发挥特殊作用，其作为分布在全国180多所高校、由教育部批准设立的400多个区域国别研究"培育基地"和"备案中心"的工作联络机制，在新学科设立过程中很好地发挥了下情上达、沟通信息的作用。

整个过程在教育部的统领下严格按规范进行。工作组论证报告提交后，有关部门即聘请多学科专家评议，广泛听取不同学科的专家意见；在这个环节上赞成的意见和反对的意见都得到充分表达，并展开面对面辩论，各自申述自己的观点。随后，又将各种不同意见分送给与拟议中的新学科有关的已有学科，请它们从本学科的角度来发表意见。这些程序完成后，将是否设立区域国别学一级学科的问题，提交给特别组建的"交叉学科"门类评议组审议，经过投票，向教育部提出了审议意见。这个环节极为关键，据我后来所知，门类评议组成员都是国内最顶尖的学者和科学家，他们的意见当然重要。此后，又经过两三轮特意安排的专家审议，最终形成一致意见，报国务院学位委员会审批。经过以上所有这些程序之后，2022年9月13日，国务院学位委员会和教育部下发文件，在新版《研究生教育学科专业目录（2022年）》中，将区域国别学正式设为"交叉学科"门类下的一级学科；一年零三个月的评审过程终于完成了。

从以上过程可以看出，审议是非常严谨、极其慎重的，体现了教育主管部门对学位工作的高度责任感。然而，对有志于区域国别研究的学者来说，必须意识到：学科的设立只是"万里长征第一步"，此后的工作更重要、更艰巨；学科建设是一个长期的、持续不断的过程，如果建设不好，还不如当初不设。目前，学科建设工作已经开始了，近期工作的重点应该是制定学科指南，完成框架设计，以此为纲统一步伐、端正方向，保证迈出第一步就走在正确的道路上。若不如此，那就太对不起"江东父老"了！

三、区域国别学的人才培养目标

区域国别学日后的发展，永远不可忘记其自身的性质，即它是"交叉学科"，这是初衷。在任何时候、任何场合下都不可视其为单一学科，或把它纳入现有某个单一学科的框架下，有意无意地将其歪曲为那个学科。我们在单一学科体系下培养学生已经很多年，从学位制建立起就习惯于"学科边界"式的学科理念，把每一个学科都看作封闭的领域，相互既不交叉，又彼此孤立，并将此视为理所当然。在这种情况下很容易产生学科本位主义，从本学科出发考虑问题，处处为本学科着想，把交叉视同为"入侵"而加以抵制。正如有学者指出的那样：学科成了"领地"，学者自视为"领主"，随时准备"保护"本领地。我们需要克服这种心态，将交叉视为"更上一层楼"。换句话说，区域国别学与已有学科的关系，是"一加一等于无穷大"。

作为人才培养的孵化器，区域国别学应该培养什么样的人，与单一学科的培养有什么不同？这个问题十分重要，关系到区域国别学的培养目标。我认为：区域国别学培养的人，应该具有多学科和跨学科的知识积累，对某一地区或某一国家进行专门的了解与研讨，有运用跨学科知识进行深入研究的能力，使研究服务于国家的需要。这意味着他的学习方向和研究对象是高度地区化的——有特定的地域特征；同时在某一学术领域能做出高质量的、独特的学术成果。这意味着他的研究工作是高度专业化的——有超强的学术能力。换个说法：区域国别学培养的人既是"通才"也是"专才"。作为"通才"，他们与此前单一学科培养的人之显著区别是：后者一般不具备跨学科、多学科的知识积累，没有能力做跨学科的学术思考；作为"专才"，他们与此前单一学科培养的人之显著区别是：后者一般不具备明确的地区或国别属性，不会把研究对象集中于特定地域。

区域国别研究应做到"知形、知心、知行"，只有做到这三个"知"，才达到区域国别研究的炉火纯青。"知形"的意思是，通过学习和研究，掌握对象国（或地区）的完整知识，包括自然方面的知识、社会方面的知识、政治经济各方面的知识等等，也就是一般意义上的基本知识，这是成为地域专家的最低要求。进而，应清楚这个地区（或国家）人的心里所想——他们追求什么、想要什么，心理的活动，价值的判断，内心深处最隐秘的想法等等，这就是"知心"。知了心才能看懂人，穿透其灵魂深处，看透他们在想什么、要什么、为什么而做并且怎么做。"知行"是最终的目的，是我们做判断的基础，区域国别研究如果能做到这一步，真正的"一国通"就出现了。中国现在特别需要这类人才，如果我们有许多这样的人，我们对世界的了解就会深刻，为国家、为人民服务的义务才真正发挥，这就是区域国别学人才培养的根本目标。

四、区域国别学的路径设计

有了目标和方向，路径设计就是关键，区域国别学用什么方法进行培养？我提出三"实"方案，即"实用，实践，实证"。

首先是"实用"。"实用"是解决为什么学、学了以后做什么。区域国别学不是玄学，不是推理的学问；它是一个应用的学科，为现实服务是其使命。国家需要区域国别学，是因为需要它解决现实问题，在这个风云变幻的复杂世界中，我们要看懂这些变化，在变化中寻找解决方案。现代世界是复杂的，国际交往无所不包，中国作为世界大国，它面对的不仅是外交问题，它面对的是各领域问题，包括政治、经济、文化、教育、医疗、卫生、体育、艺术各个方面——所有问题都是问题，所有问题都需要解决。这就是我们需要区域国别学的原因所在，也是区域国别学必定是交叉学科的原因所在。因此，我们必须牢记：区域国别学是为用而立的，"学以致用、用以促学"，这是它的禀赋。有一种说法：区域国别学的任务是寻找"规律"，而这种"规律"是普天之下都可以用的；用"规律"教学生，就能解释全世界。我不同意这种说法，我不相信在我们这个大千世界里有一个普适的"规律"。区域国别学需要解决的是一个一个具体问题，它面对的是一个一个具体国家；它研究的是"个性"而不是"共性"，正因为如此，这个学科的名称是"区域国别学"，名称本身就蕴含着个性。如万花筒一般的复杂的世界，很难放在一个包罗万象的"规律"中。

第二个词是"实践"。"实践"的意思是，区域国别学的学习方法不仅是坐在教室里读书，它必须去实地，必须在当地（即对象国和对象地区）生活、学习或工作，见识那里的自然风貌，接触那里的人，结交那里的朋友，知道他们想什么和不想什么、喜欢什么和不喜欢什么，了解那里的历史，经历那里的事情，明白那里的风俗，会说那里的语言，了解民间的情绪，看透各种变化——总之，需要有深入那个社会中去的能力和阅历。很难想象一个从来没有去过某国或某地区的人，会成为研究那个地方的优秀专家。仅从书本上了解一个国家是不够的，书本上写的经常与现实脱节，至少是隔靴搔痒。毛主席曾经说"实践出真知"，这是千真万确的。为能够完成区域国别研究所交付的任务，他必须掌握当地语言，必须有在陌生环境下生活的能力，而且需要有充足的经费支持。由此可以知道培养这样的人难度很大，要求也很高，我们在考虑给申请单位设学科点的时候，应充分考虑是否具备各方面条件。

最后，是所谓"实证"。"实证"指研究方法和学习方法是实证的、实在的，而不是思辨的、想象的。区域国别学的学科知识来自实际、来自现实，而不来自冥想和推理。区域国别学从事实中提取结论，而不用"理论概括"反证事实。这里涉及认识论的根本问题：按照唯物主义的认识论，理论来源于事实，事实不可能来源于理论；事实一旦发生变化，理论也必须跟上。任何理论都只能解释某些现象，只有在黑格尔那里才有一个永恒不变的终极真理，可以解决所有问题。区域国别学不去寻找这个"真理"，它是一个应用性学科，它必须学会在瞬息万变的客观事实中追赶变化，并给出解释、拿出应对方案。区域国别学服务于现实、服务于国家，我们在任何时候都不可忘记这一点。

区域国别学与世界史研究 *

世界史研究对区域国别学的学科建设至关重要，二者之间有天然的联系。区域国别学作为一级学科出现后，世界史方面有不少学者心存疑虑，不理解区域国别学是什么、做什么。世界史学科是在2011年正式成为一级学科的，也是一个新学科，当时它的出现也曾引起不少担忧。可是在区域国别学成为一级学科时，世界史学科也出现同样的担忧：新学科会不会冲击世界史学科？类似的担忧虽然没有明确表达出来，但确实存在于世界史学界。

今天利用这个机会，我想围绕区域国别学与世界史这两个学科之间的关系，谈六个方面的个人看法，希望能够解答一些顾虑和质疑。

第一，区域国别学作为一个新事物被提出后，有些学科可能会感觉到惊诧，但我认为对世界史学科来说不应该有这种感觉。世界史一级学科下面设有若干个二级学科，其中一个是"世界地区国别史"。而新的学科叫"区域国别学"，二者的名称如此相似，照理不应该有所惊奇。按照我的理解，地区国别史既属于世界史学科，也是区域国别学一级学科的内容组成部分。

最近三年，区域国别学这个概念不断被提及，刚出现的时候，大

---

* 本文基于作者2024年12月1日在"中国世界近代现代史研究会2024学术年会暨'百年未有之大变局'下的中国世界近代现代史研究学术研讨会"上的主旨报告整理而成。

家觉得很新奇，现在已经相对熟悉了。但是关于区域国别学究竟是什么，我认为学术界还没有想明白。我曾屡次通过讲座和撰写文章进行解释，我的说法是：区域国别学是对世界上的国家和地区的经济、社会、文化、政治、军事、天文地理等等一切知识的了解与探讨，做出全面的、系统的、细致的、深入的跨学科的研究。在教育部公布的《研究生教育学科专业目录》中，区域国别学是放在交叉学科里面的，这意味着区域国别学不是之前已经存在的任何一个单一学科，它具有明显的多学科、跨学科、交叉学科的属性，是一个前所未有的学科。世界史领域的学者老师对这个领域不应该感到陌生，因为历史学早就被"交叉"了。

以我自己为例，我最初是做英国史研究，为此我需要了解英国几乎所有的方方面面，否则就无法开展英国史研究。我不会觉得区域国别学很生疏，我会认为区域国别学就是我的研究范围，只不过我做的是区域国别学中的地区国别史、英国史。在我读书的时候，我的老师们认为历史是一百年以前的东西，只有百年前的东西才能被作为历史学研究的对象。针对这样一种界定和理念，我就在思考，如果一百年以前是历史，而我生活的时代是现在，那么从一百年前到现在之间是什么呢？它既不是历史，也不是现在，那是什么？那时我没想明白。有了区域国别学以后，这个问题就不存在了，历史和现在是连在一起的。所以，区域国别学对世界史学者来说并不生疏。

可以说，世界史一级学科下面的二级学科"世界地区国别史"其实也是区域国别学这个新的一级学科中的组成部分。区域国别学是一个大跨度的多学科领域，不仅局限于文史哲领域中的跨学科，而是包括理工医农文史经贸所有一切知识领域的大跨度。如果要对某一个国家和地区做到全面深入地了解，就必须大跨度进行多学科的学习和探讨，而

"世界地区国别史"是这个大跨度范围里的历史部分，其他知识，比如国际关系学、地理学、资源、医疗、人口、经济、政治、宗教信仰、意识形态等等所有这些，加在一起才构成区域国别学的知识框架。

第二，既然"世界地区国别史"是区域国别学大范围下的一个部分，那么历史学者对区域国别学的理解就应该很容易。为什么？这涉及历史学研究对象的问题。众所周知，20世纪以后历史学（特别是西方历史学）出现了重大转向，就是关于历史学研究对象的界定。按照兰克史学传统，历史学的研究对象主要包括政治、外交、军事等几个方面，但从19世纪末开始，西方历史学开始变化，不再把兰克史学传统中限定的那些基于所谓"硬邦邦的"史料做出来的学问认定为历史学，而是把人类过去曾经出现的一切现象、发生过的一切事件、存在过的所有人都看作历史学的研究对象，这就是"新史学"。因此，经济史、社会史陆续出现了，到20世纪上半叶，历史学研究对象不断扩大，到下半叶几乎无所不包，文化史、环境史、医疗史、心态史等等，都成了历史学的分支学科，现在整个国际史学界几乎没有人不承认，所有这些都属于历史学的研究对象。可是我们如果跳出"历史学"这个概念，这些不就是区域国别学讨论的对象吗？只不过历史学主要研究过去发生的事，区域国别学则没有这个限定。因此，历史学家对于区域国别学的理解是最容易的，具有其他学科所没有的优势。

举个例子，理科学者更倾向于成为某一个细分领域的专家，比如物理学家会研究物理学范围内某一个领域下的某个小分支，小分支下面更小的分支，直到一个微观的课题。历史学家是需要了解物理学的知识的，但他们不会精通到微观的课题，他们只需要了解物理学的一般知识和变化过程。假如现在的历史学家不具备物理、化学、生物等等方面的基础知识，他们怎么能做好环境史、医疗史、生态史乃至经济史、思想史等等？如果不用交叉的方法和思维去研究历史，不了解当代科学技术的新成果，我们能不能研究好社会史？不能。所以，历史学者对于什么是交叉学科最容易理解，因为我们所做的研究一直在交叉，没有交叉就没有当代历史学。

第三，关于世界史知识在区域国别学当中的作用问题。我认为历史学尤其是外国史的知识应该是区域国别学的基础课和基础知识。我从主张设立区域国别学一级学科之初就坚持这个观点。理工医农的基础课是数学，不懂数学就无法进行理工医农研究。同样，对于文科来说，文科的必修课是历史，那么区域国别学的基础课和必修课就是世界史。从事区域国别研究，必须把研究对象国（地区）的历史弄得清清楚楚，否则无法开展关于那个国家（地区）的研究。历史学是区域国别学的必修课，这个要求已经写入区域国别学的学科指南中去了。如果区域国别学不学历史，就如同理工医农不学数学，缺少基础知识就无法开展研究。

第四，在我国最早提出设置独立的区域国别学一级学科的专家学者，恰恰都是世界史学科的人。这种情况与改革开放之初最早提出现代化研究比较相似，当时也是世界史学者首先提出的。从那时起，我国学术界就开启了对世界现代化的研究，而这对于后来中国推进改革开放、实现中国式现代化起了很大的促进作用。回到区域国别学学科，又是世界史领域的一批学者首先提出设学科的倡议，为什么？原因很明确，只是大多数人没在意——世界在变，变得很快，我们需要一个学科追踪世界的变化，跟上历史的步伐。

第五，关于区域国别学的必要性，我们可以回顾《研究生教育学科专业目录》修订的历史。《研究生教育学科专业目录》原则上每10年修订一次，以往几次修订改动不大，但是在2022年的修订中修改幅度非常大，据了解，当时提出要求增补的新学科多达20多个，很多方面都提出要增加设置新的学科。但是最终公布的目录中，新增学科里面与文科最接近的只有区域国别学（国家安全学在一定程度上与文科也高度相关，但是区域国别学的关联度更大）。之所以设置区域国别学，是因为国家意识到区域国别研究是一大空白，而这个空白造成的后果是很严峻的。

以具体现象为例。在过去十年中，美国经历了三次大选，对其大选结果，中国学者很少能做出预测（至少在公开场合未能预测）。为什么？原因就在于缺了一个学术领域，这个领域不是国际关系，不是国际政治，是区域国别研究。预测大选结果会怎样，除了找美国外交家、政界人物聊聊天，听听他们的判断，更重要的是走进美国社会，去和工人、农场主、家庭主妇等等这些人交朋友，了解这些人心里想什么，他们如何看问题。同时还要想办法摸一摸那些操纵美国政治走向的幕后金主大佬们在想什么，什么情况对他们最有利，等等。只有摸透了这些情况，才能做出相对的判断。可是现在能够做到这一点的学者很少，问题就在这里。因此，区域国别学的设立是在弥补缺陷，我们需要有一批了解不同国家各方面情况的人，他们应对一个国家各种人到底在想什么有比较准确的理解，而这种人是需要特别去培养的，需要一个能培养这种人的学科。同样地，中国企业到国外去投资建厂，如果不了解当地老百姓脑子里在想什么，不了解当地的风俗习惯、宗教信仰、历史文化等等，就会遇到很多意想不到的困难和障碍，产生难以解决的麻烦和事故。而了解的任务需要学者承担。

回到世界史在区域国别学领域中的作用问题：一个专门研究某个国家的学者，如果不对它的历史有精深的了解，如何能看懂那个国家？人们经常说：现在是过去的延续，不懂过去，怎能懂现在？

第六，关于区域国别学是否会影响到现有世界史学科队伍的建设。我很理解这个问题的严峻性，因为涉及一个单位的人员配置、资金分布等等方面。我的看法是这样的：首先，建设区域国别学是国家的需要，不是空洞的口号，从明确将区域国别学列入《研究生教育学科专业目录》，到陆续发布各类重要文件指示，无一不说明开展和落实这项工作的重要性和紧迫性，既然如此，学校和其他相关单位就应该高度重视与积极落实，在行动上体现出对问题的认识。其次，只要单位支持，真正明白区域国别学的重要性和紧迫性，人员、资金等等都是小问题，都是容易解决的。我了解有很多学校做了妥善安排，确实对新学科的建设给予实质性支持。没有人，可以配备人；没有钱，我似乎觉得这不是问题。况且，既然世界史是区域国别学人才培养的基础，那么两者之间从理论上说是不矛盾的，完全可以共同发展，而不是相互冲突。毛泽东主席说过：路线确定之后，干部就是决定的因素。这里说的"干部"就是指领导干部，领导支持了，什么都好办。一个学校若真想把区域国别学和世界史两个学科都建设好，同步推进是完全能够做到的。现实的国际环境如此严峻，如果还不能及时把这个空缺补上，国家的发展可能会非常受影响。最后，我觉得另外一个因素也很重要，就是上级领导部门的支持，包括在编制、经费以及更重要的政策方面支持。区域国别学既然如此重要，而且是一个新学科，必然面对种种困难，更加需要领导的支持。支持不应流于表态，而应落实于具体。比如在编制方面，就可以增加给单位下达的总编制，从而在根本上解决与其他学科的冲突问题。我认为政策方面的支持是最大的支持，很多以前的规定不适应新的学科发展，尤其不符合交叉学科的建设需要，是需要给交叉学科特殊政策的。一旦特殊政策落地了，很多具体的困难就能迎刃而解。

外国语言与区域国别学[*]

我今天参加外语学科建设和发展研讨会，感觉很忐忑，因为我不在外语学界圈子里，让我来旁听学习是可以的，但让我做主旨发言，确实很为难。然而学校领导一再相邀，我也就只能听命了。不管怎么说，参加今天的会议感到非常荣幸，我一直在思考究竟说什么。想来想去，先从我自己的经历讲起，为什么学外语，以及我对外语学科的认识。

我进大学以后第一个阶段是学外语。那时，外语还是一门神奇的学科，大家对这个东西非常陌生，因为那个时代是一个封闭的时代，大家都在一种完全封闭的状态下生活，我当时也是那样。但我有一种非常强烈的愿望，希望能看看外面的世界是什么情况，外国人怎么生活，外国社会是怎样的，这是我年轻时候特别向往的一件事。

所以有了学习机会之后，我就选择把外语作为学习对象，经过几年的学习，逐渐掌握了外语的能力，也在一定程度上对外国有了一些了解，所以我觉得外语是个好东西，我非常喜欢它。

但是，慢慢我又觉得，虽然我开始看到世界，知道世界的一些模样，也知道一些外国的情况，但我的感觉是看不深，看不透，我只能

---

[*] 本文基于作者 2023 年 1 月 8 日在上海外国语大学"外语学科建设研讨会"上的主旨发言整理成文。

看到表面而不是深层，只能看到现象而不是实质，这是我逐步发现的一个问题。

所以我觉得只掌握外语的语言知识是远远不够的，我需要更多的知识。因此在学习外语的基础上，当我又有一次学习的机会时，我下决心跨出外语，选择外语以外的学科和专业，到另一个领域去，于是我选择了外国历史。

在学习外国历史以及后来的工作中，我深深感受到外语是一个非常有用的工具，这个工具帮助我了解外国的历史，让我读懂了外国的变化、外国人的经历、世界的变动、人类文明的来龙去脉。正因为我拥有外语这个工具，所以我能够看得比那些没有这个工具的人更多，比他们更容易、更便捷地了解世界。我深深感觉到外语确实太好了，如果没有外语这样一个工具，我做不了什么。

中国古人有一句非常重要的话，叫"以史为鉴"，这是中国古人对历史学的理解，也是对历史学的期待。学历史的人一直在讨论历史是什么，历史有什么用；我们的古人、先辈为我们提供了一个指向，叫"以史为鉴"。

但以前的以史为鉴，只是以中国的历史作为镜子，从镜子中看中国。其实，以史为鉴对外国历史仍然是适用的，我们不仅可以以中国历史为鉴，从中看中国；还可以以世界历史为鉴，从中看世界、看中国。有了外语这个非常有用的工具之后，我们就能看到世界的过去和世界的现在，通古而知今，了解世界，了解世界上各个国家。

我最初进入外国历史这个领域是从英国历史开始的。我从英国历史中看到了英国如何从一个农业国家变成工业国家，如何从一个传统社会变成现代社会。我们都知道英国是世界上第一个完成现代化、走进现代社会的国家，我通过学习英国历史得到很多感悟，我开始思考能不能从英国历史中看到一些东西，这些东西会不会对中国现代化起到以史为鉴的作用。

我觉得是可以的，我既然掌握了外语，就有可能看懂英国，明白英国是怎么走过来的。之后，我的学术兴趣从英国历史慢慢向更广泛的领域扩展，从英国的现代化扩展到更多国家的现代化，这是我后来非常集中去研究的一个领域——世界现代化。再后来，从世界现代化慢慢转移到更多领域，包括世界历史的整体变化，例如社会变化、文化变化、文明生成演变和相互交融等等。正因为有了外国语言这样一个工具，我能够看到更多的东西，思考更多的问题。

以上是我个人的体会，我确实感觉到外语是一门非常有用的工具，生活在现代世界的人，几乎所有的人，都需要掌握外国语言，不掌握外国语言，就很难融入这个世界，难以发展自己的事业，难以为国家和社会做贡献。在今天这个人类命运共同体正在形成的时代，我们都需要外语，这就是外语的重要性。

下面说第二个问题：外语学科人才培养的目标是什么，用什么方式进行培养？这个问题非常重要，因为外语学科现在面临着如何发展、向哪里发展、如何适应当前国家需要以及我们时代需要的问题。我个人感觉：在讨论外语学科建设和发展时，人才培养目标是一个根本问题，是基本的出发点。这个问题如果没有说清楚，我觉得外语学科今后发展会面临诸多困难。换一个角度去提同一个问题，就是培养出来的外语人才做什么、有什么用？我觉得外语人才能够在四个方面发挥作用：

第一方面，不同语言之间的交换，简单来说就是翻译。无论是口译还是笔译，都是把某种语言转换成其他语言，这就是翻译。现阶段，随着翻译机等翻译工具的不断推陈出新，不仅可以承担笔译工作，还能够大大缩短翻译的时间，对外语学科人才就业造成很大的挑战。但我个人仍然认为在未来一段时间中，翻译人才仍然是需要的，而且是大量需要的。比如召开国际研讨会需要同声传译，派到国外出差的代表团需要随行翻译；再比如对外开展经济交流、社会文化交流等，都是需要翻译的。所以翻译人才仍然需要，而且在很长时间中不可或缺，我们要持续培养优秀的翻译人才，这是第一个用处。

第二方面，开展外国语言文学方面的学术研究，我指的是把外国语言和外国文学作为学术领域进行研究，这项工作仍然非常重要。我们都知道语言学和文学其实分属两个领域，甚至可以说是两个学科，但在我们国家的学科目录上它们是不分开的。如果把语言学意义上的外国语言作为一门学问去研究，那是大有研究空间的；如果把外国文学作为一门学问去研究，同样有广阔天地，中国需要这些研究，也需要这方面人才。中国需要对外国语言和外国文学有深刻研究以及能做出世界级学术成果、能够与国际接轨的优秀的学者专家。所以我们需要培养这方面的人才。

第三方面，除了外国语言文学方面的研究之外，其他领域的学术研究也需要外语人才，比如外国经济（经济学领域）、外国政治（政治学领域）、外国社会（社会学领域）、外国历史（历史学领域），以及人类学领域、教育学领域等等。在涉外研究方面，我们到现在为止就整个国家而言仍然是很不够的，需要加强这方面的工作。我们在培养外语人才时，如果能同时把他们培养成某个学术领域的人才，比如经济学领域的研究人才、政治学领域的研究人才、社会学领域的研究人才、历史学领域的研究人才等等，他们既掌握外语技能又有专门的学术领域，这样的人对中国来说就非常重要。但如此一来，就相当于把政治学、经济学、社会学、历史学等等这些学科领域和语言学、文学放在同一个平台上，让知识处于交叉的状态。

我们需要外语人才进行语言学研究，进行文学研究；我们同样需要外语人才进行经济学研究、政治学研究、教育学研究、历史学研究、社会学研究、人类学研究等等，这些都是外语人才可以进入的领域，我觉得这是第三个方面，需要外语人才发挥作用。但我感觉传统的外语人才培养在这个方面缺乏意识，传统的外语人才培养只注重语言能力的培养，也就是我们经常说到的"听说读写译"。我们特别强调外语基础技能的培养，却忽视了专业知识教育。如上所述，外语只是工具，在大多数情况下协助人们学习专业和运用专业；既然外语人才是各学科都需要的，那么为什么不把学生培养成既掌握外语工具，又具备不同学科知识的人才呢？

所以在外语人才的培养方面，我们需要改革。改革的基本思路是在重视外国语言能力培养的基础上，加进其他学科专业知识学习。各学科专业知识都是外语人才培养时可以切入的，我们可以进行双学位的培养、多学位的培养，这就涉及知识交叉和学科交叉的问题了，我认为这是外语学科改革的一个方向。

最后，第四方面，我们需要外语教师，让外语教学持续不断，让每一个中国学生能够学习外语。所以，我们需要培养外语教师，不仅培养英语教师，而且要培养其他语种的教师，包括冷僻语种的教师。

如此，我们可以想想如何改革外语类院校的人才培养方案，思考外语学科的建设问题。作为门外汉，我有一些想法供参考，归纳起来只是一个建议——我们能不能把外语人才培养分成四类进行：第一类培养翻译人才；第二类培养以外国语言文学为研究对象的学术人才；第三类培养以语言文学之外、其他学科为研究对象的专门人才，这些人既掌握外国语言，又具备其他专业知识（如经济学、政治学等等），既能进行各领域学术研究,也能从事专业性强的实际工作;第四类就是培养外语教师,使外语教学持之不断。

如果我们把外语人才培养分成四种不同类型区别进行,是不是就可以对外语学科的建设方向做根本性的改革?这种改革需要有学校在结构机制方面的调整作为配套,比如对应于四类人才培养,外语院校可以分设四个学部:第一个学部是翻译学部;第二个学部是语言文学学部;第三个学部涉及其他学科,可称之为人文社会学部,其中包括政治学、经济学、社会学、教育学诸如此类;第四个学部就是师范教育学部或师资学部。每一个学部都有自己的培养目标和教学体系,比如,翻译学部有适合翻译人才培养的学习方案,与其他学部不同,人文社会学部有自己的培养目标和教学体系,和师资学部不同;每个学部都有各自的课程表,各有一套课程体系。培养方案是跟着不同人才的培养目标而变化的,如果这样考虑问题,我觉得外语学科发展的空间会变得非常之大,外语学科的危机感会大大缩小,培养出的人才能满足社会的各种需要。

提到外语学科和区域国别学的关系问题,今天会议有一个专题,专门讨论这一关系。我认为区域国别学既然是一个独立的学科,和我刚才提到的人文社会学部其他学科,如政治学、经济学、教育学等等其实是并列的,处在同一个层级上。所以,如果从人才培养角度思考问题,那么区域国别学作为一个学科领域,也是外语人才培养的一个方面,学出来的人适合做区域国别研究,就好像其他人能做其他学科如政治学研究、历史学研究、教育学研究等等那样。

对区域国别学而言,外国语言起什么作用?我个人认为:区域国别学需要两根台柱,没有这两根台柱区域国别学就撑不起来,不能成为一个学科。最近这段时间关于区域国别学应该怎么发展、怎么建设有很多讨论，而我在很多场合都会说：所有在区域国别学进行学习的学生，都必须学两门基础课，第一是外国语言（主要指对象国语言），第二是外国历史（主要是对象国历史）。所以外国语言对区域国别学来说不是可有可无，而是必备条件。我希望通过双方的共同努力和有机融合，外国语学科和区域国别学科可以取得双赢。

区域国别学与教育学的对接*

华南师范大学东南亚研究中心是国内东南亚研究的重要基地，已经取得很多成果，奠定了很好的研究基础。我对东南亚研究和教育学领域都是门外汉，要我说几句话，说得不到位。

华南师范大学东南亚研究中心研究的对象是东南亚，这是非常明确的。按照区域国别学的学科要求，必须要明确地域对象，没有明确的地域对象，就谈不上区域国别研究。区域国别学作为一级学科出现后，每一个学科都面临同样的问题，即原有的学科和新出现的区域国别学学科之间到底是什么关系。区域国别学作为一个新的交叉学科，意味着必须通过学科的交叉进行研究，一个学科做不了交叉，交叉至少要有两个以上的学科。比如历史学，历史学和区域国别学是什么关系，历史学能够为区域国别学做什么贡献？这是历史学尤其是世界历史学界应该考虑的问题。再比如国际关系学和区域国别学是什么关系，国际关系学如何去支持和帮助区域国别学发展？这也是它应该考虑的问题。每一个学科都存在类似的问题，都需要思考已有学科和新学科之间的关系，在新学科建设中能够做什么。这样，就要求学者们跳出学科本位主义，摆脱凡事从本学科出发的思维方式。

---

* 本文基于作者 2024 年 12 月 23 日在华南师范大学东南亚研究中心"东南亚学科建设座谈会"上的发言整理而成。

前段时间我参加一个会议，到会领导在发言中提出三个不等同：区域国别学不和国关画等号，区域国别学不和急用画等号，区域国别学不和智库画等号。连着三个"不画等号"为区域国别学的长期发展指明了方向，也从一个侧面说明上级领导部门已经意识到区域国别学在学科建设中出现了问题，因此做出了必要的回应与指导。

华南师大的东南亚研究中心也在思考自身与区域国别学之间的关系，想一想能够为新学科建设做什么贡献。在我看来，中心具有两个鲜明的特点：第一，中心的研究对象是东南亚，这就明确了研究工作的区域性。第二，中心以教育学为核心，向其他多个学科辐射，组建为学科群。这样，就需要重点考虑教育学和区域国别学之间的关系。昨天在我们的私下交流中，我请教华南师大的东南亚研究中心与云南大学的东南亚研究所有没有分工，得知主要是区域方面的分工：云南大学更加偏重缅甸等东南亚西部，华南师大则更侧重东南亚东部。我理解，地域的分工也与华南师大和云南大学所处的地理位置相关。

回到刚才的问题，既然华南师大的东南亚研究以教育学为核心，而教育学又是整个学校的重点学科领域，那就要解决一个重要问题：如何把教育学研究与区域国别学结合起来，使两者形成交叉互动？我认为在这个问题上大有文章可做。众所周知在中国想要建立一个新学科非常困难，而区域国别学之所以顺利成为一级学科，就是因为国家需要它。尽管中国的国际地位不断提高，越来越深度参与国际事务，但国人对外界的了解的确太少，如果有了解，也集中在英、法、德、美几个西方国家。对东南亚的了解就很少，更不要说非洲、南美、中亚、西亚了。

与此同时，我们对国外的学校和教育情况也知之甚少。比如关于美国的常青藤学校，除了几个学校的名称，很少有人明了那些学校的具体情况，包括每个学校的重点和强项，有哪些重要学者，做出过哪些重要成果，对美国政府的政策制定发挥过怎样的作用，等等；而这些，恰恰是区域国别学提倡去了解和研究的问题。因此，如果我们基于几十年的教育学研究积累起来的优秀传统和良好基础，从研究对象国的高校切入，针对那些学校对所在国发挥的作用进行梳理和研究，就会引起广泛关注，帮助国人拓宽对世界的了解，并且在需要的时候为国家提供政策咨询。我认为从教育这个领域切入，可以做到这一点。因为，各国"精英"都是由高校培养出来的，他们可能担任重要职务，在政界、经界和其他各界发挥重要作用，仅就这一点而言，对学校的研究就很有意义。所以，区域国别学作为一个脚踏实地的实用学科，与教育学的交叉，能够做很多工作。

因此，华南师大如果能将传统的教育学学科与区域国别学新学科进行密切的配合，一定大有可为。区域国别学必须解决实际问题，如果不解决实际问题，就没有必要设这个学科。我们都知道，很多学科都设有外国问题方向，比如国际经济、国际关系、世界历史、外国地理等等，那么为什么还需要设一个区域国别学？就是因为现有的外国研究都各自作战、各打各的，不能也不愿意整合，所以很难应对中国所面临的国际问题，不能为国家提供有效的知识和理论参考，因此才希望组建一个新学科来解决这个问题。我一再强调：区域国别学是一个实用的学科，不以强调理论研究为主，而强调解决实际问题。如果我们都能意识到区域国别学的这种学科性质，那么，就要以解决实际问题为己任。国家领导非常重视智库研究，但目前大部分智库报告不是写得不好，而是作用有限，离实际问题太远。国家设置区域国别学这个新学科，就寄希望于这个学科能解决具体问题，这是区域国别学最重要的使命。

如此，华南师大若能从高校这个角度切入，充分发挥与对象国高校的协同合作，重点了解对象国的高校在做什么，为他们国家提供了什么资讯，有哪些重要的学者，在从事什么样的研究，等等。如果我们了解对象国学者在想什么、做什么，很有可能我们就了解了在某一天由这些想法而演变出的政府政策走向。如果我们的研究下沉到这些问题上去，而不是流于表面、泛泛而谈，那么华南师大的东南亚研究就进入一个很深的层次，并且与区域国别学高度对接了。

以上是一点感想，简单谈这些，谢谢。

推动区域国别学与国家安全学协同发展[*]

各位来宾、各位朋友，谷雨已经过去，夏天就要来临。此时在北大校园迎来了国家安全学系的成立大会。我谨代表北京大学区域与国别研究院对国家安全学系的成立表示衷心祝贺！

现阶段，世界面临着百年未有之大变局。这个概念刚出现时，我们只是跟着说，但对于这一概念的内涵并没有清晰把握。随着形势的快速发展，我们愈发感受到百年甚至几百年未有之变局：国际环境日益复杂，国内环境也在发生深刻的变化，国家安全成为安邦定国的重要基石。加强国家安全工作，全面落实总体国家安全观，有效维护我国的国家安全，就必须科学地认识国家安全问题，把国家安全学作为一门重要的具有现实意义及解决现实问题的交叉学科来建设。

在中国，从事学术研究以及人才培养离不开学科。当前，教育部根据国家需要在"交叉学科"门类下设立国家安全学一级学科，非常及时和重要。北京大学作为全球国际问题研究的重要基地，长期从事战略研究和国家安全研究，在 2013 年就成立了国际战略研究院，而国家安全学系的成立，不仅是北京大学落实总体国家安全观的重要举

---

* 本文基于作者 2022 年 4 月 23 日在"北京大学国家安全学学科建设研讨会暨国际关系学院国家安全学系成立大会"上的讲话整理成文。在 2022 年新版《研究生教育学科专业目录》中，国家安全学也成为交叉学科门类下的一级学科。

措，也是进一步对接国家重大战略需求、培养更多国家安全研究专业人才的重要实践。对于学科建设而言，人才培养是重中之重。一个学科出现了，主要任务就是人才培养。如果不把人才培养作为一个学科的重中之重和中心工作来推动，那么这个学科就失去了其根本意义。建立国家安全学系的重要目标之一，一定是培养安全学人才，就目前我国实际情况而言，国家安全学的人才确实非常缺乏。

国家安全研究是跨学科、多角度、交叉性的研究，对象涵盖了政治、经济、社会、文化、军事、卫生、科技、生态等等多种领域，它和区域国别研究有一定的相似性。中国要进一步走向世界舞台中央，切实维护国家主权、安全和发展利益，需要更加广泛、深刻、及时、精准地了解世界。从这个角度来看，国家安全研究和区域国别研究这两个新兴交叉学科具有共同的目标，有着协同发展的美好未来。

促进学科交叉融合，创新人才培养模式，已经成为当今学术研究重要的特征。去年年末国务院学位委员会发布新一轮学科专业目录征求意见稿，准备在交叉学科门类下新增区域国别学一级学科，这会对北京大学促进学科交叉、推动学科创新带来新的发展机遇。新形势下，期待北京大学国家安全学和区域国别学能够发挥各自学科优势，在加强学术研究和人才培养等方面交流合作，想国家所想，急国家所急，应国家所需，为北大建设一流大学贡献力量。

中国区域国别学的演进与前瞻 *

《俄罗斯研究》杂志于 2024 年 6 月 1 日对钱乘旦教授进行采访，本文根据访谈记录整理而成，采访人尹如玉。**

尹如玉： 尊敬的钱老师，非常感谢您接受我们的访谈邀请！您曾在 2022 年接受《俄罗斯研究》主编刘军教授的访谈中提到，区域与国别研究对于大国来说，既是一种"必需品"，也是一种"奢侈品"，因为往往大国更具备开展这种研究的资源和能力。您的观点，我深表赞同。在您看来，区域国别学作为一个学科在中国的发展，对国家的对外政策和国际战略有何影响？鉴于当前国际政治经济形势的变化，这一学科的重要性有哪些新的展现？区域国别学的根本使命是什么？

钱乘旦： 首先，我来回答国内许多人对于区域国别学的误解，以及区域国别学的真正目标是什么。

在我国，对区域国别学的理解仍然存在误区，很多人容易将其与国际关系或外交等学科混淆。在一般观念中，区域国别学似乎主要用于解决外交问题，这种看法并不准确。实际上，区域国别学要解决的核心问题，是我们对外国情况的了解十分有限，甚至存在许多空白。

---

* 本文为访谈记录，首发于《俄罗斯研究》2024 年第 4 期，第 18—31 页。
** 尹如玉，辽宁大学中国开放经济研究院副教授、硕士生导师。

从空间角度看，我们对世界上许多国家缺乏了解，甚至不了解，而只对少数几个我们以为是重要的国家，比如英法德美有一些了解。除了这些地方，对其他国家和地区，如非洲和拉丁美洲一些国家，我们则所知甚少，甚至完全不知道。从广度深度来看，即使是对英法德美这些我们认为已经了解的国家，也往往局限于某些方面，既不深也不广。由此看来，中国的区域国别学的真正任务是全面掌握世界所有国家和地区的各种知识，包括政治、经济、社会、文化、历史、地理、自然环境等等。在这个基础上开展研究，为我国各类涉外工作提供学术支撑。

区域国别学的内容和对象应该很宽泛。实际上，如果仅从对外关系的角度看，区域国别学提供的知识和理论是研究对外关系的基石。缺乏这个基础，我们研究对外关系很难做到精准。我们不能简单地将区域国别学或区域国别研究与外交、国际关系画等号，这样的理解是不够的。这是一个基本的判断，也反映了当前中国学术界的一大不足。我们应当努力填补这个不足。

其次，关于区域国别学的学术意义和应用问题。我们已经提到，区域国别学的研究对象和基本目的并不限于思考国际关系和外交问题。事实上，中国与外界的交往已经非常广泛，各种交往不仅仅是政治方面的，更多的是其他方面，如经济方面、文化方面的民间交往，等等。就经济交往而言，中国与世界上几乎所有地区和国家都有经济往来，中国的产品已在全球范围内获得广泛欢迎。在对外经济关系中遇到的问题通常不是技术问题，而是人文隔阂。在国外很多大型企业的项目表明，技术问题并不是主要障碍，因为我们在技术上已经达到了相当高的水平。更多的困难源于我们对那个地方的了解不够，比如，在建设铁路或其他基础设施时，常因不了解当地国情和法律或其自然状况而遇到问题。另外，对一个国家或地区的社会状态的了解也非常重要，例如，对当地人民的宗教信仰和文化禁忌不了解，常常会使中方人员与当地人之间产生隔阂甚至是完全的误解。这一类问题仅通过外交手段是无法解决的，必须对那个地区的社会状况作深入了解。

因此，我们不能将区域国别研究简单等同于外交或国际关系研究。区域国别学提供的是一个更全面的视角，帮助我们深入理解各国各地区的复杂情况，从而更有效地处理与这些国家和地区的关系。

那么，对于中国来说，这种研究将发挥什么作用？虽然中国已成为一个世界性的大国，但我们对外部世界的了解还是相当有限的。即使我们认为自己对某个国家有所了解，这种了解往往也是肤浅和表面的。我曾经在美国访问过一些实行空想社会主义的社区，这些社区仍在按照集体劳动、集体分配、各尽所能、按劳分配的原则进行日常生产和生活。在一个资本主义如此高度发展的国家，这种社区的存在可能是许多学者都不知道的。因此，区域国别研究的任务就是要深入了解每个国家的各个方面，获取非常详细和具体的情况。

尹如玉：钱老师，您刚才的分析确实发人深思。我们知道，区域国别研究不应只停留在表面，而应深入到对象国和地区，对那里的具体情况作深入研究。特别是在共建"一带一路"的背景下，这种研究显得尤为重要。在我看来，中亚地区是"一带一路"沿线国家研究的薄弱地带。考虑到中亚地区在历史和当前世界的地位和作用，我们如何通过深入的历史和现实研究，加强与这些国家的合作关系？您能否分享一些针对这一地区的研究动向或建议，帮助我们更好地理解这些关键地区的复杂性和潜力？

钱乘旦：在学术界，关于"一带一路"的讨论往往还停留在表层，多集中于某个地区的重要性及与中国关系等泛泛之谈，而缺乏对这些国家和地区的具体研究。具体深入的研究是区域国别学所强调的，对中亚地区以及其他一些地区如撒哈拉沙漠以南的非洲，中国学术界的了解还非常有限。

学术界对中亚地区不够重视，部分原因是因为在历史上，中亚很少出现强大的政治实体，经常处于周边更强大政权的控制之下，因此常被视为边缘地区。由于这个原因，专门研究这一地区独立历史的学者非常少。这种情况反映出一个紧迫的学术需求，即应当加强对"一带一路"沿线各国、各地区的具体深入的研究，以填补现有的知识空白。

我认为，当前的缺陷可以通过推动和发展区域国别研究来弥补，这是完全可行的。我希望将来会有更多的学者，甚至是社会上更多的人能够更及时地认识到区域国别学的重要性。同时，我也希望更多的学者和公众能理解区域国别学究竟是什么，如果用最简洁的话来概括，那么区域国别学就是一门对世界各国、各地区进行全方位研究的学科，这项任务不是任何一个单一学科能够完成的，它是一项多个学科共同完成的学术任务。学术界应该形成共识，我们需要朝这个方向努力。我相信在未来五至十年中，像中亚这样的重要但研究相对薄弱的地区将逐渐获得学术界更多的关注和资源投入。

尹如玉：当前，正值高校提交区域国别学博士和硕士学位点申报的关键期。区域国别学科建设旨在培养能够深入理解和分析全球不同国家和地区的综合情况的专家，以满足国家和社会的迫切需求。在设计区域国别学的课程和研究方向时，我们应该如何平衡理论研究和实际应用？针对未来的区域国别研究专家，学校应重视哪些能力的培养以确保他们既具备广泛的知识面又能进行深入的专项研究？

钱乘旦： 在讨论区域国别学的培养目标时，我们首先需要明确什么是通才和专才以及他们的重要性。在我看来，培养的目标应当是培养既是通才又是专才的区域国别学人才。所谓通才，意味着需要对每一个对象国或对象地区的基本情况有全面的了解，这种了解应该超出教科书上简单的几句话描述。这意味着，不仅要了解一个国家的政治制度，比如是联邦制还是中央集权制，有没有上下两院，有总统还是有国王等等，而且要对该国家或地区的政治、经济、社会、文化等各个方面都有所认识，能够全面了解它的基本情况。换句话说，我们需要培养能够深入了解特定地区或国家的专家，培养出美国通、英国通、德国通、印尼通、菲律宾通等等。如果我们能够对世界上重要的国家和地区，包括我们的周边地区，都培养出相应的国别或地区通，我相信在面对和解决具体问题时，会相对精准和有效。如果我们对对象国和对象地区一知半解，解决问题的难度自然会增加。

专才意味着在通才的基础上，应该在某个学术领域进行专门研究，成为在这个领域对某一国家进行研究的一流专家。例如，你对某个国家或地区的司法制度进行精深的研究，你就成了关于这个国家法律研究的专门人才，因此是一名法学家。同样可以类比的，是经济学家、社会学家、艺术学家等等，这就是通才加专才的培养模式。

跨学科的知识培养非常重要，在培养区域国别学人才方面，不仅政治学、历史学或其他一两个学科参与，而且需要所有学科，例如社会学、法学、经济学、心理学等等，几乎所有学科都可以在区域国别学人才培养方面发挥作用。举例而言，如果我们在某个国家进行投资或推进某些项目，当然会涉及经济问题和外交问题，在当地招募员工可能会遇到法律问题，选择地址可能会遇到民俗问题、宗教问题，并且还要考虑到环境、生态、交通问题等，如果没有所有这些方面的充分知识，不对这些问题做深入了解，怎能在某个地方设厂或投资？仅就法律而言，有些国家有严格的制度规定禁止贿赂，执法也严格；但在另外一些国家，如果不与当地官员适当沟通，许多事情就难以推进，这些地方可能有更加强大的习惯做法。因此，了解对象地区的司法制度和执法情况，了解当地的民风民情就变得非常重要。具备跨学科知识的通才加专才是我们现有各学科无法培养出来的，需要各学科通力合作。

此外，区域国别学的人才培养必须有特定的国家和地域属性，而不仅仅是学科属性。举例而言，在现有的学科体制下，法学院培养的学生可以对法学有基本了解，能够在某个具体领域如民法或经济法方面进行一般性研究；但培养不出专门对某个国家或地区的法律具有宽泛知识又能进行透彻研究的人才，比如专门研究中亚五国法律问题的人才。同样，在经济学领域，虽然我们能培养出相当不错的经济学家，但培养不出专门研究某国、某地区经济问题（而不是泛泛的"经济学问题"）的专家，培养不出（举例而言）专门研究印尼或马来西亚经济问题的经济学家。可是我们确实需要这样的人，因此，区域国别学应该培养具有地域属性的通才加专才，这种人是我们现有的任何一个学科都培养不出来的。这种人不仅具备跨学科的知识面，还要有专门的学科研究能力，并具备地域研究属性，也就是所有的研究工作都针对某一特定国家或特定地区。这是区域国别学人才培养的基本要求，难度非常大，但我们必须培养出这样的人，否则就意味着失败。

正因为如此，教育部将区域国别学定位在"交叉学科"上就是非常正确的。区域国别学本质上是一个跨学科的研究领域，任何希望进入区域国别研究领域的学者或单位都必须有明确的认识，即区域国别研究是跨学科的。这种认识必须非常牢固，否则很容易将区域国别学简单等同于现有的某一个学科，比如国际关系学科。如果是那样，就没有必要设置这个新学科了。如果区域国别学仅仅等同于国际关系学，那么国际关系学已经有了，没有必要再设一个国际关系学；如果区域国别学等同于世界历史，那么世界历史一级学科已经有了，没有必要再设一个世界历史。问题在于，任何一个现有的单一学科都无法培养出通才加专才再加地域属性的特种人才，它们无法满足这种需求。

中国现在特别需要对特定地区或特定国家有全面了解的人，这些人还必须在某个学科领域有深厚的学术基础，能开展深入的学术研究。这样的人在我国实在太少了，这就是为什么需要区域国别学这一独立学科的原因。区域国别学不仅跨学科，而且跨通识和专业知识；"区域国别学"这个名称就规定了它的地域属性，通才加专才加地域属性三者合一，才是"区域国别学"。

尹如玉：钱老师，感谢您在推动区域国别学成为一级学科过程中所做的重要贡献。这个过程一定充满了众多挑战和复杂协调，能否分享一些关键时刻的决策和您的亲身经历？目前，随着区域国别学研究机构在中国高校中如雨后春笋般涌现，您如何评价这种迅速发展的现象？特别是在学术定位和功能上，我们如何确保这些新兴研究机构不仅遵循正确的学术方向，同时也能切实服务于国家的外交政策和国际战略？

钱乘旦：我有一篇文章在《国际观察》上发表，在其中我简要描述了区域国别学成为一级学科的过程。由于有一些情况不便多说，所以并未详细叙述。*

区域国别学自提出以来，其发展历程充满波折。初期，不少学者

---

* 见本书第四部分"成长时代"第三篇《区域国别学的性质、目标与路径》。

质疑将其发展成一个独立学科的必要性，甚至有公开反对的声音。但由于行政部门，尤其是国家高层领导对这一领域的重视与支持，逐渐有更多的人转变态度，转而支持这一新学科。

当教育部最终在学科目录中正式确认区域国别学成为一级学科时，大部分的反对声音逐渐消退。虽然仍有一些疑虑和不完全赞同的声音存在，但对这一学科的普遍接受度已显著提高。这种转变彰显了中国国情下行政力量的影响力。

把区域国别学设定为一级学科是一个挑战重重的过程，很不容易。但区域国别学之所以能够成为一级学科，根本原因是契合了国家的需要——国家迫切需要这个学科。正如在集成电路领域，我们需要突破核心技术障碍一样，区域国别研究在人文学科领域也是一个"卡脖子"问题，作为世界大国，如果我们对世界没有了解或了解不够，怎么能有效履行大国的责任？因此，在高层领导的支持与学界共识的推动下，新的学科最终建立起来。

一级学科建立后，许多高校闻风而起，迅速成立相关机构，恰如雨后春笋。从积极方面看，这个现象反映了学界对区域国别研究重要性的重新认识和高涨热情，其意义不容小觑。但我现在的担心是，随着众多新机构在许多地方迅速涌现，这些新机构是否真正理解了区域国别学的确切含义和严格要求？是否对区域国别学应当承担的任务及需要培养的人才有明确、清晰的认识？以及如何培养这种人？这是我现在特别关心的问题。许多人似乎还没有完全把握"交叉学科"的真正含义，容易将其等同为某个现有的单一学科，等同为国际政治或国际关系，或者是外国历史、世界经济、国际法等等。这个倾向在我们刚开始讨论建立新学科的时候就已经出现了，到现在都没有完全扭转过来，反而有所蔓延。我非常担心这种倾向的扩大。

因此，我认为我们需要就区域国别学的性质、目标、人才培养的方式以及它能为国家带来什么贡献进行更广泛和深入的讨论。在这一讨论的过程中，我们应努力形成广泛的共识。只有在达成较广泛的共识后，区域国别学才能发展得好、建设得好，各学校新成立的研究机构才能从一开始就方向明确、行动准确。

听到有一种说法，认为区域国别学作为一个新学科，不妨让各单位各自摸索，实行"百花齐放"，然后走到正确的道路上去。出现这种说法是可以理解的，因为关于区域国别学的确切定位和功能，在中国学术界还未形成共识，所以，在初创时期允许大家自由探索，经过摸索来调整方向，似乎是一种合理的做法。

但我个人不赞同这种做法，因为这会使区域国别学的概念和内涵变得模糊，学科也变成一个万花筒，好像什么都可以被说成是区域国别学，而结果却什么都不是，这不是我们希望看到的结果。比照一下其他学科：如果什么都是物理学、什么都是化学，那么物理学和化学会变成什么，物理课和化学课又会怎样？进而，我认为如果一个新学科从一开始就走岔了路，以后想要拧过来是很难、很难的。就如同一辆火车从一开始就走了岔道，如何让它回过头来？

因此，我认为在形成一定的共识之前，让各个单位自行探索并不是好办法。在行动之前，我们需要首先确定清晰的行动方向和目标，然后才能有效地指导各个单位进行有针对性的研究和教学活动。这样做，才能使区域国别学从一开始就健康发展，不走弯路，也有助于确保学科的特色得到彰显。

尹如玉： 钱老师，您刚才提到许多人似乎还未完全把握交叉学科的真正含义，经常把区域国别学与其他学科如历史学或政治学混同。我很好奇，区域国别学作为一个新学科，虽然与这些传统学科有联系,但在具体操作中我们应如何区分它们之间的学科边界?能否请您进一步阐释,我们应如何正确理解和界定区域国别学这个交叉学科的独立性和特色?

钱乘旦:区域国别学被定位为交叉学科,这是教育部做出的正确决策。作为交叉学科,区域国别学的工作不可能由任何一个现有的单一学科来完成,必须有多学科共同支撑。

在人才培养问题上刚才已说到,首先需要培养具有宽泛知识的通才,然后才是特定领域的专才。要培养这种学生,仅依靠单一学科是不行的,比如,仅以世界历史的方式教育和培养学生,那么培养出来的学生仍然是世界历史学家;如果只用国际关系的知识体系来培养学生,那么学生与国际关系专业培养的学生并无差异。同理,仅用经济学知识来培养学生,那么学生充其量只会是经济学家,无法满足通才的要求。总之,区域国别学的人才培养不能仅靠已有的单一学科,必须进行多学科的交叉培养。只有这样,才能培养出符合区域国别学要求的人才,这是一个基本要求。

在这一点上,学术界还没有达到能够深刻认识和实现学科交叉的目标,尤其是在文科方面,文科学者对学科交叉的认识远不如理科,理科方面的学科交叉已经根深蒂固了。理科范围内,无论是物理、化学、天文、地理或者人工智能,它们的知识积累、新知识产生以及突破性研究成果的出现,基本上都是学科交叉的结果。理工科的学科交叉已成通例,并被广泛接受,不交叉已经不可能了。然而在文科领域,在中国学术界,很多人仍然对学科交叉的理念感到陌生,许多人觉得这是一个突然的变化。不过认识确实是一个渐进的过程,随着时间的推移,大家会逐渐习惯。

再谈谈基础课的问题。理工科有一门基础课,那是数学。文科有没有基础课呢？有的，那是历史，历史是所有文科的基础课，所以对区域国别学而言，学习历史是必不可少的一环。由于区域国别学研究的对象是一个个地区和国家，因此对象国或对象地区的历史是学习的重点。除了一般的世界历史内容外，学生必须对特定国家或地区的历史了如指掌，要把这些国家、地区的历史作为重点。举一个例子，俄乌冲突仍在进行，对这个事件的理解需要历史；但国内真正了解俄乌两国历史的人有多少呢？不了解历史，就很难对这件事做出正确判断。历史是文科共同的基础课程，而对于区域国别学来说，则具有强烈的针对性和地区特定性。深入了解对象国或地区的历史是理解现实问题的入门通道，每一个试图设立区域国别学一级学科的学校都必须把世界历史，尤其是对象国或地区的历史，作为基本的教学内容。如果某个学校有一个以中亚五国为研究对象的区域国别学研究方向，那么，对这五个国家的历史了解不足，将严重影响研究的质量和深度。

对区域国别学而言，语言仅是工具，不是基础。每一个从事区域国别研究的人都必须掌握外语，但那只是工具，是开展研究工作的必备条件。然而所谓的外语不仅仅是英语，更重要的是对象国语言。英语是国际通用语言，每一个接受高等教育的人都应该掌握英语。但区域国别学的学生仅掌握英语是不够的，他必须掌握对象国当地语言，没有这个能力称不上做区域国别研究，他不具备基本条件。

尹如玉：泰勒弗朗西斯出版集团最近刊发了一篇题为《中国区域国别研究的发展》[*]的文章，该文指出，中国推动区域国别学研究的初衷虽包含了解和合作的元素，但背后似乎仍受到国家战略动机的显著

---

[*] T. Miller and P. Ahluwalia, "The Growth of Area Studies in China", *Social Identities*, 2023, Vol. 29, No. 6, pp. 517–518.

影响。您如何评价这种分析对中国推动区域国别学研究动机的解读?

钱乘旦: 这个说法大体没错。事实上,区域国别研究并不是新生事物,它在国际学术界早已存在,特别在美国,二战之后区域国别研究变得非常重要并且流行。美国政府在二战结束后不久便开始公开支持并推动区域国别研究,在那里它被称为"Area Studies"。美国政府的介入和推动力度很大,它要求学术界和顶尖大学加强这方面工作,建立相关研究机构,并鼓励培养相关领域的人才。同时,美国政府通过各种渠道对美国的区域国别研究投入了大量资金。美国之所以大力推动这个领域,是因为他们意识到美国已经成为世界的主导力量,几乎是当时唯一的超级大国,尽管当时还有另一个超级大国苏联。美国认为自己有权力和责任去管理这个世界,这就是它的战略目标,从一开始就非常明确。美国的区域国别研究就是为这个目标服务的,它丝毫不隐瞒。

区域国别研究是一个特殊的学术领域,各个国家推动这个领域发展,都是为本国战略目标服务的。二战结束的时候世界上形成了美苏两个阵营,美国很快就投入大量人力物力去研究苏联。现在,中国成了美国研究的重点,因为在美国看来,中国是它最主要的竞争对手,美国要对中国进行全方位的了解。

美国对第三世界的研究也有明确的目标。二战结束后,除了美苏两个阵营之外,还出现一个"第三世界"。美国对第三世界的研究主要是为了与苏联争夺对这些国家的影响力,做法上包括"绿色革命"以及向发展中国家和不发达地区派出"和平队",其根本目的都是为了与苏联争夺第三世界。为了达到这个目的,就必须对这些国家和地区有深入的了解,如果没有了解,即使派出和平队,也难以完成任务。"绿色革命"项目主要是在菲律宾、拉美一些国家发动的,同样也需要对这些地区有充分的了解。

除西方国家之外，日本的区域国别研究也做得非常出色。日本学者对俄罗斯、中亚、东南亚等地区有深厚的知识积累，他们进行了大量扎实的研究工作，并以实地调查为依据，即所谓的"田野工作"。在这方面，中国学界明显不足，我们必须努力补足这个短板。

尹如玉：钱老师，您认为中国区域国别学的核心任务和特色是什么？

钱乘旦：中国的区域国别学最大的特色是为中国服务；从一个更广阔的角度看，我们的区域国别研究也可以为全世界人民服务。观察目前的世界格局，可以看到世界越来越被撕裂成不同的集团和阵营，这与过去设想的全球化趋势明显背离。通过中国的区域国别研究，我认为可以在一定程度上抑制或反击那种有意识地撕裂世界、建立阵营化集团政治的活动。

总之，中国的区域国别研究的首要任务是为中国服务，如果不为中国服务，那就称不上是中国的区域国别研究。除了服务中国以外，还可以扩展到服务世界。我们的研究成果可以在一定程度上破解西方一些政治人物撕裂世界和阵营化对抗的企图，虽然能做到什么程度很难说。服务中国是必须的，是我们主要的目标，否则"中国的区域国别学"就没有意义了。

尹如玉：钱老师，鉴于国际关系的动态变化和"去全球化"带来的挑战，您如何看待中国区域国别学在未来的发展方向？特别是在国际合作领域，中国有哪些潜在的机会可供利用，以增强其在全球学术界的影响力和认可度？

钱乘旦：在国际上，我们不需要刻意追求对我们这个领域的认可。这类似于我们在集成电路领域的情况，我们并不刻意寻求国际上的认可。事实上，获得认可的关键在于是否将某项技术发展到新高度，如果我们的成果卓越，其他人将不得不承认这些成就。有人说中国芯片已经能做到 7 纳米，如果能进一步达到 3 纳米、2 纳米，那么无论其他人是否愿意，他们也必须承认这个成就。

对于中国的区域国别学而言，关键也在于能否取得实质性成果。只有真正做出了成绩，才能得到其他人认可。做不出成绩，无论口号多么响亮，别人也不会承认的。因此，我们不需要特别关注其他人的看法，承认不承认，这不是现在需要考虑的。

我个人认为，与其追求中国的区域国别学得到国外认可，不如更关心如何跳出以西方为中心的话语体系和范式，应该强调如何建设自主的知识体系。中国的区域国别学应以中国为主体，为中国的国际战略服务；以此为出发点，构建中国的知识体系和评价标准。制定出符合我国国情的区域国别研究规范，这才是真正重要的任务。

尹如玉：钱老师，您经常呼吁，进行区域国别研究一定要到研究对象国去做实地调研。请问您，为什么目前田野调查在国内尚未形成规模呢？

钱乘旦：我认为可以从历史背景和经济实力两方面来找原因。首先，鸦片战争以后的一百年中，中国一直在为救亡图存而奋斗，主要关注点集中在中华民族的生死存亡问题上，对外部世界的关注和精力投入相对较少。其次，新中国成立后，面临的主要任务是经济建设，当时中国的经济基础薄弱，属于世界上最贫穷的国家之一，因此需要发展经济，确保人民的基本生活需求。同时，冷战时期西方国家对中国的封锁，进一步限制了中国的国际交流。

改革开放后情况发生了显著变化。中国经济不仅快速发展，同时经济结构也转为外向型，这加深了中国与国际社会的联系。这种转变意味着中国经济已成为全球性经济,强化了了解和参与国际事务的必要性。随着经济高速发展,我国的经济实力日益强大,积累了较强的经济基础,这就为区域国别研究提供了比较充分的经费支持。区域国别研究是一项资金密集型事业,需要大量的财力投入。经济实力越强,投入能力就越大。到对象国去做田野工作是要花钱的,没有钱就没法做。现在,人们逐渐意识到这个领域的重要性,田野工作问题也就被提上日程。

尹如玉: 尊敬的钱乘旦教授,我们衷心感谢您接受本次访谈,并就区域国别学的深刻内涵、面临的挑战及其在全球战略框架中的关键作用分享宝贵见解。您为我们描绘了该学科未来的发展方向,本次对话无疑将为从事该领域的学者和实践者提供丰富的启示和实际指导。再次感谢您的慷慨分享以及对学术研究的持续贡献!

结　语

总合全书论述，可对区域国别学作以下概括：

三"服务"使命：服务国家，服务社会，服务人民。这是区域国别学的任务。

三"学科"属性：多学科、跨学科、交叉学科。这是区域国别学的学科性质。

三个"知"目标：知形、知心、知行。这是区域国别学的学科标的。

三个"实"路径：实用、实践、实证。这是区域国别学的学科方法。

三个"外"课表：外国历史，外国语言，外国经历。这是学科核心课程体系。

三个"一"要求：一个熟知，一种能力，一段经历。这是学科人才素质要求。*

通过以上6个"三"，区域国别学将培养出一大批既是"通才"、又是"专才"，既能从事高端学术研究、又能从事国家需要的各种涉外一线工作的区域国别人才，为中国在世界发挥应有的大国作用贡献力量。

---

* "熟知"指熟知对象国或对象地区的历史经纬，"能力"指熟练掌握对象国或对象地区的本土语言，"经历"指在对象国或对象地区生活、学习或工作的经历，这些要求是非常高的。

附 录

附录1　在交叉学科门类下设置"区域国别学"一级学科的工作小组意见 *

受国务院学位委员会国家学科专业目录交叉学科专家论证组的委托，由北京大学牵头，邀请复旦大学、浙江大学、山东大学、东北师范大学、云南大学、中国现代国际关系研究院等单位来自不同学科的七位专家组成工作小组，就是否设置"区域国别学"一级学科问题展开深入、认真的研讨，对其范畴、内涵、成熟度等进行了论证，达成以下共识：

一、当今世界正经历百年未有之大变局，中国发展的内部条件和外部环境正发生着深刻复杂的变化。推进中国特色大国外交、共建"一带一路"、加强国际传播、参与全球治理、构建人类命运共同体，使得加强学科交叉背景下的区域国别研究、培养复合型人才的紧迫性和重要性日益凸显。党和国家领导人对这项工作高度重视，习近平总书记多次作出重要指示；中宣部、教育部等主管部门对高校开展这项工作也提出新要求，要统筹发挥好区域国别研究学科发展、人才培养、智库建设"三位一体"作用。

---

* 受教育部委托，由北京大学牵头组织专家工作小组进行"区域国别学"一级学科设置问题论证，正式开启了新学科的申请、评议、审批过程。此处转录工作小组意见，成文于 2021 年 6 月 27 日。

二、区域国别研究在美、欧、日起步较早，形成了较为完备的学科体系，并为其推行国家战略、维护国家利益发挥了重要作用，积累了可资借鉴的经验。在我国，区域国别研究有厚重的历史积淀，近年也有较快的发展，为国家做出了较大的贡献，但由于缺少相对独立的学科，人才培养没有明确标准，研究力量分散，无法形成合力。因此，需要尽快推进区域国别研究和人才培养的学科体系建设。

三、我国高校区域国别研究存在的问题主要有：跨学科的人才培养方式无法纳入以现有学科为基础的培养体系，难以满足国家需求。区域国别研究未纳入现有的学科体系，各方面发展受到较大制约。因此，设立"区域国别学"一级学科，已是当务之急。

四、设立"区域国别学"一级学科已具有多方面可行性。一是目前国内学界对区域国别研究的"学科交叉属性"已达成共识，在学科体系、学科理论、学科方法等方面已有相当丰厚的研究成果。二是国内一些高校在区域国别研究复合型人才培养方面进行了有益探索，积累了较为丰富的培养经验。三是围绕区域国别研究工作的学科教材编撰、学术刊物出版、研究机构设置等方面已有基础。四是交叉学科门类的新设，为"区域国别学"一级学科的设置提供了机遇。

综上所述，工作小组一致认为：在交叉学科门类下设立"区域国别学"一级学科很有必要。

（以下7位专家签名，从略）

附录2 新增"区域国别学"一级学科论证报告*

一、新增一级学科的必要性和可行性

1. 学科概况。区域国别研究（Area Studies）在西方起步较早。18、19世纪，美国、欧洲、日本等发达国家已开始对世界部分地区和国家特别是亚洲、非洲国家开展研究工作，为此建立了相关研究机构。第二次世界大战后，区域国别研究在上述国家进一步得到发展，形成了较为完备的学科发展和人才培养体系，一大批复合型人才和相关研究成果为其推行国家战略、维护国家利益发挥了特殊作用，区域国别研究已成为一个重要学科。

随着我国改革开放日益深化，我国与外部世界的关系越来越紧密，与各国的交往不断加深，关于区域国别研究和人才培养也取得了很大的发展。事实上，我国的国际问题研究主要是从区域国别研究开始的，从20世纪60年代开始，先后在大学、政府单位设立了一批区域国别研究机构。改革开放后，我国的区域国别研究和教学得到很快发展，先后设立了一大批研究机构。但是，我国的区域国别研究和教学还没有独立的学科支撑，缺乏系统的理论体系和人才培养实施方

---

* 按上级部门要求，工作小组拟定此"论证报告"，于2021年7月4日完稿并提交。

案。中国的区域国别研究和教学，必须要有中国特色的理论体系支撑，必须服务于中华民族伟大复兴，服务于推动构建公平合理的世界秩序和人类命运共同体的目标。

2. 必要性。我国的综合国力和国际影响力不断提升，与外部世界的联系日益紧密，国家利益的内涵和外延都在拓展。与此同时，国际格局加速演变，中国发展的内部条件和外部环境正在发生复杂深刻的变化。在此背景下，共建"一带一路"，推动中外交流，加强国际传播，参与全球治理，推动构建人类命运共同体，已成为我国应对世界变局、实现中华民族伟大复兴的重要内容。新形势和新目标要求我们准确把握国际形势，正确认识外部世界，有力开展对外工作，培养符合国家战略需要和世界发展的新型人才，设立区域国别独立学科，是当务之急。

党和国家领导对这项工作十分重视，习近平总书记多次作出重要指示，强调研究外部世界的重要性；中宣部、教育部等多个国家主管部门近期联合发文，提出要采取多项措施，统筹发挥好学科发展、人才培养、智库建设"三位一体"作用，提升高校区域国别研究质量，保证党中央的战略部署得到落实。区域国别研究和人才培养已上升到国家战略高度，加强区域国别研究，构建科学教学体系，加强人才培养，已成为时代需要。

目前我国学科体系中尚未有适应区域国别研究和教学的独立学科，现有目录中的各学科难以独力承担区域国别研究和人才培养任务，现有各学科单学科的培养方式不能满足区域国别研究跨学科的培养要求。因此，在交叉学科门类下设立"区域国别学"是合适的和必要的。通过学科交叉形成合力，整合现有分散的力量，建立人才培养新机制，服务国家需要，形成有中国特色的区域国别理论和人才培养体系。

3. **可行性**。自教育部于2011年11月发起国别和区域研究专项以来,国内高校区域国别研究已取得显著进展。截至目前,教育部批准的各高校区域国别研究培育基地和备案中心共有444个,分布在全国183所高校,基本上做到了对世界各国、各地区研究的全覆盖。有11所院校已招收区域国别研究博士生,其中第一批将于近期毕业。数十所高校建立了区域国别研究方面的专门机构,其中有些高校还设置了区域国别研究的二级学科。全国有近万名教师投入在区域国别研究工作中,经过十年努力,发表了大量成果,提交了一大批智库报告。经过十年建设,社会与学界对区域国别研究的认可度大大提高,对其重要性有更深刻的认识,期待能有更快更好的发展。设立"区域国别学"一级学科的基础和可行性已经完全具备,时机已经成熟。

二、学科的研究对象、理论体系和研究方法

区域国别学作为一门交叉性学科,交叉性主要体现在:研究对象的特殊性;研究内容的丰富性;人才培养的复合性;理论方法的多样性。

1. **研究对象**。区域国别学属于跨学科的交叉门类学科,是对世界不同区域和国家的人文、地理、政治、经济、社会、军事等进行的全面深入研究,具有战略性、综合性、对策性、实用性和即时性等特征。区域国别学的任务,旨在打通原来分属于各独立学科的知识领域,系统探究区域、国别的历史与现状,揭示其规律和走向,形成交叉与统合的理论与实践体系。

作为交叉学科，区域国别学的研究对象有别于任何一个现有学科，它是对区域、国别进行整体性、宏观性的研究，因此需要多学科、跨学科的参与，需要研究者有跨学科、多学科的知识积累。参与区域国别学研究的各领域有一个共同目标，即整合各知识领域，针对某个地区或国家进行全方位研究，用多学科、多角度、大视野的研究方法获取对该国、该地区的全面了解。

2. 理论体系。理论体系包括：（1）马克思主义的历史唯物主义及关于世界发展的理论。中国的区域国别学以马克思主义理论为指导思想，对世界各国的历史和现状进行研究，这是中国区域国别学有别于其他国家类似学科的性质所在，是其存在基础。（2）现代化理论，包括西方现代化理论和中国特色现代化理论。区域国别学以中国特色现代化理论为主，同时也借鉴西方现代化理论中合理的因素。（3）人类命运共同体理论。人类命运共同体理论是习近平新时代中国特色社会主义思想的重要组成部分，也是指导我国区域国别研究的关键理念。我国区域国别研究必须牢牢把握人类命运共同体的基本思想，使研究工作服务于世界各国人民。（4）文明互鉴理论。不同文明的相互交流与互鉴互学，是人类历史的突出现象，是推动人类文明进步和世界和平发展的重要动力。文明互鉴理论是新时代中国特色社会主义理论体系的重要组成部分，区域国别研究将以此作为重要的理论依据。

3. 研究方法。欧美国家的区域国别研究长于人文学科方法和社会科学方法的并用，但囿于西方的价值观偏见，经常以西方自身经验来判断世界各地区和国家，把西方道路看作是"普世"规律。

中国需要建立自己的研究方法体系，原则是"以国家需求为目标，以区域国别为对象，以发展研究为主线，以交叉复合为重点"。鉴于区域国别学是多学科交叉的跨学科领域,我们应该重视人文学科方法和社会科学方法,各取所长、各避其短,同时吸纳理工科的适宜研究手段。作为实践性很强的领域,区域国别学要求研究者在对象国生活和学习,接触对象国的文化与社会,了解其民风民俗。作为外国问题研究,区域国别学要求研究者掌握对象国语言,以该语言作为语言工具。在借鉴国外现有的研究成果和总结我国现有的研究经验的基础上,创建具有中国特色的方法与理论体系。我们已经有很好的基础,其构建和完善过程也是推动中国特色区域国别学发展的过程。

4. 与相近一级学科的关系。区域国别学是典型的交叉学科,它与历史学、政治学、外国语言文学、社会学、人类学、法学、应用经济学等学科有密切关系,这些学科提供的知识是区域国别学的知识来源。区域国别学与教育学、地理学、工商管理、公共卫生、环境科学等学科有相关联系,这些学科有关区域国别的内容也会融入区域国别学的内容范畴。

区域国别学有其明确的学术边界,也有其确定内涵;它既是学科的交叉,也是交叉的学科。区域国别研究的学科交叉是指现有各学科对各国、各地区以本学科的知识基础进行研究,共同聚焦区域与国别,形成多学科的研究合力;交叉学科则意味着,区域国别研究不是现有各学科的简单相加,它是对现有各学科边界的突破,它通过融会贯通各学科现有的知识,在现有学科各自边界之外的空白处生长出新的知识点,发展出新的知识体系。通过区域国别研究,可以形成对区域、国别全面的透视观察,达到对该国该地区的完整了解,从而为国家决策、社会思考、企业发展提供智力支持。就学科交叉而言,区域国别研究意味着"1+1＞2",通过多学科交叉而形成对外部世界的全新认识,导向新的知识体系。

对于现有各学科而言，区域国别研究是做加法：有利于相邻学科健康发展。根据教育部新设立的交叉学科门类的相关政策规定，现有各学科教师、科研人员可以跨学科从事科研教学工作，培养多学科的学生。外语非通用语种长期难以发展的困境有望得到解决。区域国别学一级学科的设立对传统学科起到推进作用，也为多学科交叉提供可行的路径，从而形成各学科共赢的局面。

三、二级学科及主要研究方向

区域国别学拟设 7 个二级学科：(1) 区域国别学理论与方法。包括区域国别学的学科边界、内涵、学术意义与社会功能，跨学科研究方法，对象国语言学习，对象国田野调查，与传统学科的互动关系、创新转换等。(2) 发达国家研究。对发达国家的社会、经济、政治、历史、文化、自然、资源、民俗、科技等各方面做多学科的交叉研究，探讨其发展道路与发达因素，了解这些国家的深层状况，总结规律，预测走向。(3) 发展中国家研究。对发展中国家的社会、经济、政治、历史、文化、自然、资源、民俗、发展现状等各方面做多学科的交叉研究，探究其发展过程中的内外因素、政策制定、存在问题和发展潜能等，寻找发展中的共性与特性。(4) 周边地区研究。对周边地区结构、周边发展、周边安全、周边海洋及资源等进行整体综合研究；对周边地区国家的政治、经济、社会、文化、对外关系以及资源等进行专门研究；对中国与周边国家关系与周边命运共同体构建进行研究；探讨创建中国与周边国家构建新型区域关系和国家关系的理论和实践。(5) "一带一路"研究。以共建"一带一路"的理论体系、目标定位、治理结构、风险应对为研究对象，重点关注"一带一路"的实施、治理、问题和困难等,强调"一带一路"的区域研究。(6) 区域治理研究。以区域为视角,对区域的特性和行为主体、区域内的国家关系、区域层级组织、区域治理变量和运行机制等进行研究,总结成功经验与挫折原因。(7) 文明互鉴与交流。探讨多元文明的形成与发展、不同文明的特点与相互关系,关注全球化时代的文明冲突与互学互鉴,构筑中国特色的多元文明话语体系。

四、人才培养目标及要求

1. **硕士培养目标及要求**。培养能够独立开展相关研究或参与相关实际工作的通用、应用型人才,应具备较扎实的区域国别学理论基础,掌握其研究方法,并具备多学科知识,能够运用这些知识在多学科平台上进行专题研究。除英语外,能一般运用对象国/区域语言,原则上应该有在对象国学习、调研的经历。毕业论文达到硕士学位水平,字数不少于 3 万。

2. **博士培养目标及要求**。培养能够独立研究重要问题或开展重要实际工作的高水平复合型研究人才和应用人才,应具备坚实的区域国别学理论基础,熟练掌握其研究方法,也熟悉相近学科的理论与方法。有独立从事科学研究的能力,在广泛了解多学科知识的基础上,专攻某些领域的跨学科课题,提出有意义的独到见解。除英语外,应精通一至二门对象国/区域语言;原则上应该有在对象国学习、研究的经历,具备较强的跨文化交流能力。毕业论文达到博士学位水平,字数不少于 12 万。

五、培养环节和课程体系

培养环节：根据区域国别学的要求与特点，培养环节包括四个阶段：课程学习、专业培养、对象国田野调查、毕业论文撰写。课程学习阶段应广泛接触多学科基础知识，积累宽广的知识，并掌握相关外语；专业培养指在宽广知识的基础上选择研究方向，确定研究课题；田野调查阶段需赴对象国生活学习，体验该国、该地区实情；论文撰写阶段应广泛搜集素材资料，撰写合格的学位论文。

课程体系包括三个模块：地区模块、语言模块、专业模块。地区模块指学习对象国的相关知识，语言模块指学习对象国的当地语言，专业模块指就对象国的某一问题做专业研究，三个模块共同组成课程体系。因模块组合不同，区域国别学的课程设置是个性化的，除全国统一的公共必修课（思政课、外语课）和区域国别学所必需的专业必修课（如区域国别学理论与方法、跨文化交流等）外，应针对不同学生的不同要求提供个性化培养方案，配置足够的、多学科的选修课，以便学生做多样化选择。区域国别学属于交叉学科，必须建立跨学科的课程体系。（见附件）

六、需求情况及就业前景

1. 人才需求。我国对区域国别研究人才的需求极其庞大。当前我国正深度融入世界，共建"一带一路"也不断推进；国际风云变化莫测，正经历百年未有之大变局。我国的对外交流（政治、经济、文化、社会、军事、外交、学术交流等等）急速发展，而我们对外部世界的了解和研究又极为不够，迫切需要加强。世界上有两百多个国家和地区，有大量国际组织、民间团体、宗教机构、跨国公司等等，都需要有人去研究和了解。我国在海外有大量投资，为维护我国的海外利益，需要有大量人才提供知识基础。对区域国别研究人才的需求不仅来自政府，也来自民间、来自社会；而培养这些人才，又需要能培养人才的人才。因此区域国别研究的人才是供不应求的，绝非以万数计。区域国别学是应用学科，应用学科的社会需求量不可胜数。

2. **就业前景**。因此，其就业去向十分宽广，如党、政、军有关部门，高校、出版、媒体、社会工作等公共服务机构，公司、企业、贸易、金融等行业，国际组织、跨国公司、文化交流、外交活动等等。区域国别学培养的学生，应该能全方位、多层次地服务于国家，服务于各国人民，成为推动中国走向世界、高质量建设"一带一路"的精英之材。

七、发展规划

用 5 年时间全面建立教学、科研体系，经过整合优选，在全国范围内建立 30 个有培养能力的教学研究机构，设立学科点。以培养既能进行学术研究，又能从事实际工作的中高端人才为目标。硕士阶段以培养实用型人才为主，博士阶段培养能完成重要任务的高端人才。通过教学科研在全国范围内形成一支学科梯队，改变目前人员分散、定位不明的局面。全面执行学科发展、人才培养、智库建设"三位一体"的工作任务，服务于国家战略。

八、质量管控与评估

质量管控由基础保障力、成果生产力、社会影响力3个一级指标和10个二级指标构成。基础保障力包括基本投入、队伍保障、经费投入、资源建设等，成果生产力包括科研成果、教学成果、咨政成果等，社会影响力包括政策影响、媒体影响、国际影响等。学科评估按照国家规定的要求进行，根据各校条件和具体情况可设置必要的评估缓冲期。

附件：北京大学区域与国别研究院博士研究生培养方案课程设计*

序号	课程名称	课程类型	学分	所属类别
1	研究生学术英语写作	公共必修	2	学校公共课程
1	研究生学术英语听说	公共必修	2	学校公共课程
2	中国马克思主义与当代	公共必修	2	学校公共课程
3	研究生论文写作指导	公共必修	1	学校公共课程
4	区域与国别研究的基本理论与方法	专业必修	3	
5	区域与国别前沿专题研究	专业必修	3	
6	世界现代化进程研究	专业必修	3	世界史
7	跨文化交流	专业必修	2	
8	人类学方法	专业必修	2	人类学
9	政治学基本理论研究	专业必修	3	政治学
10	西方政治思想重要著作与最新成果研究	专业必修	3	政治学
11	政治学理论研究	专业必修	3	政治学
12	国际政治学理论与实践研究	专业必修	3	政治学
13	社会科学方法论研究	专业必修	3	政治学
14	中东政治、经济和社会研究	专业必修	3	政治学
15	当代世界经济研究	专业必修	3	经济学
16	民族主义研究专题	专业必修	3	世界史

* 此课程设计于2019年开始实行，后经多次修改。

续表

序号	课程名称	课程类型	学分	所属类别
17	阿拉伯伊斯兰文化	专业必修	2	外国语言文学
18	以色列社会专题研究	专业必修	2	外国语言文学
19	当代中亚国别与区域问题研究	专业必修	3	外国语言文学
20	环境规划学	专业必修	3	环境科学与工程
21	应用人文地理学专题研究	专业选修	2	城市与环境
22	美国经济专题研究	专业选修	2	经济学
23	欧洲经济史	专业选修	3	管理学
24	调查数据分析方法	专业选修	3	管理学
25	西方政治思想研究	专业选修	3	政治学
26	全球性议题研究	专业选修	3	政治学
27	中亚地区研究	专业选修	3	政治学
28	俄罗斯东欧社会政治演变	专业选修	3	政治学
29	转型国家政治经济比较研究	专业选修	3	政治学
30	选举的理论与制度研究	专业选修	3	政治学
31	社会学理论	专业选修	3	社会学
32	宗教和民族政策	专业选修	2	社会学
33	国际比较高等教育	专业选修	2	教育学
34	高等教育的基础理论	专业选修	2	教育学
35	高等教育基本问题专题研讨	专业选修	2	教育学

续表

序号	课程名称	课程类型	学分	所属类别
36	国际高等教育研究	专业选修	2	教育学
37	丝绸之路考古专题	专业选修	2	考古文博
38	伊斯兰教史	专业选修	2	哲学
39	基督教神学概论	专业选修	3	哲学
40	宗教与中西文明传统比较研究	专业选修	3	哲学
41	西方科技史专题	专业选修	3	哲学
42	哲学原理研究	专业选修	3	哲学
43	儒释道三教关系研究	专业选修	3	哲学
44	中国法律思想史	专业选修	3	法学
45	西方法律思想史	专业选修	3	法学
46	中俄文化交流史	专业选修	2	外国语言文学
47	俄罗斯社会思想史	专业选修	2	外国语言文学
48	国别和区域研究：理论与方法	专业选修	3	外国语言文学
49	中国与周边地区关系	专业选修	3	外国语言文学
50	环境经济学	专业选修	3	环境科学与工程
51	气候变化经济学	专业选修	2	环境科学与工程
52	可持续发展	专业选修	2	环境科学与工程
53	东南亚地区研究	专业选修	3	政治学
54	海岛东南亚近现代史	专业选修	2	外国语言文学

续表

序号	课程名称	课程类型	学分	所属类别
55	东南亚历史与现状研究	专业选修	3	外国语言文学
56	英国近现代史专题研究	专业选修	3	世界史
57	拉美发展问题研究	专业选修	3	世界史
58	战后日本政治史研究	专业选修	3	世界史
59	从跨文化视角研究非洲－阿拉伯－欧洲关系的历史变迁	专业选修	3	世界史
60	非西方现代化研究专题	专业选修	3	世界史
61	法国政治思想史专题	专业选修	3	世界史
62	法国革命文化史研究	专业选修	3	世界史
63	殖民主义理论专题研究	专业选修	3	世界史
64	亚太史研究	专业选修	3	世界史
65	伊斯兰教与中东国家现代化	专业选修	2	外国语言文学
66	日本文化史	专业选修	2	外国语言文学
67	印度宗教研究	专业选修	2	外国语言文学
68	南亚现状研究	专业选修	2	外国语言文学
69	中东现当代问题研究	专业选修	2	外国语言文学
70	近现代阿拉伯社会研究	专业选修	2	外国语言文学
71	独联体国家研究	专业选修	2	外国语言文学
72	非洲文化研究	专业选修	2	外国语言文学

续表

序号	课程名称	课程类型	学分	所属类别
73	国际政治与地区研究	专业选修	3	政治学
74	美国外交研究	专业选修	3	政治学
75	东北亚地区研究	专业选修	3	政治学
76	中国周边安全环境研究	专业选修	3	政治学
77	联合国与国际组织	专业选修	3	政治学
78	拉美地区研究	专业选修	3	政治学
79	伊斯兰世界的政治研究	专业选修	2	政治学
80	非洲民族主义研究	专业选修	3	政治学
81	非洲政治、经济与外交研究	专业选修	3	政治学
82	全球健康治理	专业选修	3	政治学
83	美国政治经济研究	专业选修	3	政治学

附录3　新增博士硕士学位授权审核申请基本条件[*]

一级学科名称（代码）：区域国别学（1407）

第一部分　本学科博士学位授权点申请基本条件

一、二级学科与特色

1. 二级学科。至少具有3个稳定的二级学科，其中须包含"区域国别学理论与方法"，聚焦具体区域或国别的领域性或专题性研究方向各1个，同时努力培育体现本单位特色的二级学科。

2. 学科特色。以服务国家战略和人类命运共同体构建为己任，学科和学术发展具有明确的区域或国别定位，能够运用跨学科的理论和研究方法，长期跟踪某个区域或国别并形成整体性、综合性且相对成熟的学术观点，获得更具创新性、实践性、能够服务区域发展与行业现实需求的学术成果。了解国际学术前沿，与研究对象区域或国别相关科研单位、政府部门或社会组织等形成协同合作的长效机制，并获

---

[*] 国务院学位委员会文件（学位〔2024〕2号）：《国务院学位委员会关于开展新增博士硕士学位授权审核工作的通知》，附件2"新增博士硕士学位授权审核申请基本条件"，第419—422页。下载自中华人民共和国教育部网站 http://www.moe.gov.cn/srcsite/A22/yjss_xwgl/moe_818/202405/t20240520_1131582.html。

得较好评价和社会声誉。

二、学科队伍

3. 人员规模。每个二级学科的专任教师应不少于 5 名，包括至少 2 名教授和 2 名博士生导师，其他教师应以硕士生导师为主。专任教师之外也可按需聘请兼职教授。

4. 人员结构。专任教师年龄结构合理，老中青学者比例得当，其中应有一定比例的 40 岁以下学者，一般不少于 15%。师资结构应体现多学科、跨学科的特点，应有一定比例的外单位毕业的教师。教师中获博士学位的人数比例应不低于 60%，有经济学、法学、语言文学、历史学学科背景的教师应有一定比例。专任教师多数应具备长期在研究对象区域国家生活、学习的经历，学位点教师梯队中具有研究对象区域或国别当地语言能力的人应不少于 30%，并随学科建设发展而逐步增加。

5. 学科带头人与学术骨干。每个二级学科应有 1 名带头人，其学术研究及成果在学界应得到广泛认可并有一定社会影响力。近 5 年中，应至少具备以下条件中的 3 项：(1) 课程教学获校级以上表彰；(2) 主持省部级以上学术研究项目或重大横向项目；(3) 获国内外重要科研奖励；(4) 以第一作者身份在国内外高水平期刊上发表学术论文或出版高水平学术专著，或提交受认可的智库/资政报告；(5) 具有博士生导师资格并培养博士研究生 2 名以上。每个二级学科应有 2 名或以上学术骨干，其学术研究及成果获学界承认。近 5 年中，至少应具备以下条件中的 2 项：(1) 课程教学优秀，受学生认可；(2) 主持或参与国内外重要科研项目；(3) 以第一作者身份在国内外高水平期刊上发表论文或出版、参与出版高水平学术专著或参与智库/资政报告写作；(4) 具有研究生导师资格并培养硕士或博士研究生共 2 名以上。

三、人才培养

6. 培养概况。具有 4 个以上相关一级学科授权点，其中 2 个以上为博士学位授权点。具有相关一级学科硕士学位授权点满 3 年，并有 2 届以上硕士研究生毕业。在学研究生有一定规模，近 5 年各二级学科持续招生且人数稳定，授予的学术型硕士学位不少于 3 届或 40 人。硕士研究生第一志愿考录比达到 60%。

7. 课程与教学。课程设置应符合《教育部关于改进和加强研究生课程建设的意见》的文件要求，具有完备的培养方案、规范的课程大纲、完整的课程教学管理和评价体系，专业核心课程授课教师需具备高级专业职称。硕士生专业核心课程建设体系完备，包括区域国别地理、政治、经济、历史、文化等专题研究。每个二级学科专业核心课程不少于 5 门。高水平博士研究生课程应紧扣交叉学科重大基础性问题与前沿问题，培养研究生研读经典作品、围绕重大问题展开创新性研究、推进学术理论、知识和方法发展的能力。至少在 2 个二级学科上开设博士学位研究生专业核心课程，每个方向不少于 2 门。已开设硕士课程和拟开设的博士研究生学科方向应能开设方法论研讨课、主文献研讨课、国际学术前沿动态研讨课，以及高水平系列课程和专题讲座。

8. 培养质量。申请单位硕士毕业生的就业率较高、职业发展潜力大、用人单位评价良好。2013 年以来，硕士毕业生赴对象区域国别就业创业，从事和所研究区域国别相关工作或继续攻读国内外博士研究生比例不少于 10%。在学硕士研究生发表学术论文及田野调查报告、政策咨询报告等高水平应用型成果不少于 15 篇。学位论文抽检中存在问题论文平均每年不超过 3 篇。

四、培养环境与条件

9. 科学研究。(1) 有明确而稳定的研究区域或研究国别，能对各区域及其区域内国家作综合与专题、宏中微观相结合的系统研究；(2) 设有针对研究对象区域或国别的研究机构（包括教育部人文社科基地、培育基地、备案中心等），鼓励与研究对象区域国别的高校或研究机构建有实质性的合作关系；(3) 承担区域国别领域国家级、省部级课题或其他重要项目，科研经费充足。2013 年以来，主持省部级（含）以上科研项目总数不少于 15 项；(4) 人均出版著作（专著、译著、编著）不少于 1 部，在重要期刊上人均发表论文不少于 1 篇，鼓励教师发表或出版外文学术性文章或著作；(5) 研究生参与高水平科研项目比例为 50% 以上。

10. 学术交流。(1) 与研究对象区域国家的高等学校、科研机构、知名智库、主流媒体建立良好的、实质性的、双向互动的交流合作关系；(2) 召开相关领域的国际学术会议、全国学术会议，开展学术交流与合作项目；支持研究生参加国内外学术交流，学校提供研究生参加国内外学术交流应达到一定比例。

11. 支撑条件。(1) 鼓励有条件院校建立有关研究对象区域国别的综合场馆和数据库（包括但不限于文化体验馆、综合博物馆、数字博物馆、专题资料室等）；(2) 鼓励编辑出版学术文库、系列丛书、期刊杂志、成果专报，搭建学术自媒体平台；(3) 鼓励建设省部级以上高水平的团队科研平台或者研究基地、实习基地；(4) 教学管理、科研服务机构健全，专职管理与智库运营人员不少于3名。

五、其他要求

(1) 申报单位与国内中央部委或省市地方政府机构所属的科研机构、咨询部门建立有紧密的合作关系；(2) 与企业事业单位建立有横向的协同创新与合作关系。

第二部分 本学科硕士学位授权点申请基本条件

一、二级学科与特色

1. **二级学科**。至少具有3个稳定的二级学科，其中须包含"区域国别学理论与方法"，聚焦具体区域或国别的领域性或专题性研究方向各1个，同时努力培育体现本单位特色的二级学科。

2. **学科特色**。以服务国家战略和人类命运共同体构建为己任，学科和学术发展具有明确的区域或国别定位，能够运用跨学科的理论和研究方法，长期跟踪某个区域或国别并形成整体性、综合性且相对成熟的学术观点，获得更具创新性、实践性、能够服务区域发展与行业现实需求的学术成果。了解国际学术前沿，与研究对象区域或国别相关科研单位、政府部门或社会组织等形成协同合作的长效机制，并获得较好评价和社会声誉。

二、学科队伍

3. 人员规模。专任教师总人数不少于 20 名。其中，教授不少于 3 名。每个二级学科的专任教师不少于 4 名，硕士生导师不少于 2 名。

4. 人员结构。专任教师中，45 岁以下者不少于 50%。获得外单位学位的教师人数比例不少于 40%，应有获得港澳台、国外高校学位的教师，其中研究对象国学者占比 10%。获得博士学位的教师人数比例不低于 40%，最高学位是经济学、法学、文学、历史学学科学位的教师人数不少于 50%。具备半年以上在研究对象区域或国家留学、访学、调研的专任教师人数不少于 50%。学术带头人和学科梯队教师中，具有研究对象区域或国别当地语言能力的比例不少于 20%，并随学科建设发展而逐年增加。

5. 学科带头人与学术骨干。每个二级学科应有 1 名学科带头人，其学术研究及其成果在学界应有较高的认可度和影响力。近 5 年中，至少应具备以下条件中的 2 项（含）以上：课程教学获得省部级（含）以上奖励；主持省部级（含）以上科研项目；获得省部级（含）以上科研成果奖；以第一作者身份在国内外高水平期刊上发表论文 1 篇以上；出版著作 1 部以上；培养硕士研究生 2 名以上。每个二级学科有 3 名以上学术骨干，年龄 50 岁以下，其学术研究在学界具有一定的影响力。近 5 年中，至少应具备以下条件中的 1 项以上：课程教学取得省部级（含）以上奖励；主持过省部级（含）以上科研项目；获得省部级（含）以上科研成果奖；在国内外高水平期刊上以第一作者身份发表论文 3 篇以上；出版著作 1 部以上。

三、人才培养

6. **课程与教学**。有完备、合理的法学、经济学、史学、文学等相关学科本科生培养课程体系，有5届以上的毕业生，培养过本科生不少于120人。各二级学科至少有1名正高级职称的主讲教师；能开设与拟申请硕士学位二级学科相关的本科专业课程和专题讲座，课程数量不少于12门。对拟开设的硕士一级学科课程建设要求如下：在至少2个二级学科开设硕士研究生专业核心课程，每个方向不少于2门。一级学科应开设不少于15门专业核心课程和其他专业课程15门，拟开设的硕士研究生学科方向应能开设方法论研讨课和主文献研讨课。专业核心课程授课教师需具备高级专业职称。

四、培养环境与条件

7. **培养质量**。近5年，培养3届以上本科毕业生，有一定比例的本科毕业生继续攻读国内外硕士研究生；重视学术素养和研究能力，鼓励本科生参与或独立在学术期刊上发表学术论文、在全国性新闻报刊上发表文章、参加全国性专业竞赛。本科毕业生就业率较高，有一定比例在学本科生或相关学科硕士生参与纵向课题研究。近5年获得过省部级教学成果奖或同等奖励。

8. **科学研究**。（1）有明确而稳定的研究区域或研究国别，能对各区域及其区域内国家作综合与专题、宏中微观相结合的系统研究；（2）设有针对研究对象区域或国别的研究机构（包括教育部人文社科基地、培育基地、备案中心等），鼓励与研究对象区域国别的高校或研究机构建有实质性的合作关系；（3）承担区域国别领域国家级、省部级课题或其他重要项目，科研经费充足。2013年以来，主持省部级（含）以上科研项目总数不少于15项；（4）人均出版著作（专著、译著、编著）不少于1部，在重要期刊上人均发表论文不少于1篇，鼓励教师发表或出版外文学术性文章或著作；（5）研究生参与高水平科研项目比例为30%以上。

9. 学术交流。（1）与研究对象区域国家的高等学校、科研机构、知名智库、主流媒体建立良好的、实质性的、双向互动的交流合作关系；（2）召开相关领域的国际学术会议、全国学术会议，开展学术交流与合作项目；支持本科生或相关学科研究生参加国内外学术交流，学校提供研究生参加国内外学术交流的比例应达到一定比例。

10. 支撑条件。（1）鼓励有条件院校建立有关研究对象区域国别的综合场馆和数据库（包括但不限于文化体验馆、综合博物馆、数字博物馆、专题资料室等）；（2）鼓励编辑出版学术文库、系列丛书、期刊杂志、成果专报，搭建学术自媒体平台；（3）鼓励建设省部级以上高水平的团队科研平台或者研究基地、实习基地；（4）教学管理、科研服务机构健全，专职管理与智库运营人员不少于3名。

附录4　分享北大方案[*]

2021年12月，国务院学位委员会发布新一轮的《研究生教育学科专业目录（征求意见稿）》，拟在"交叉学科"门类下新增"区域国别学"一级学科，区域国别学作为一级学科被正式提出来向学界公示，是一件非常不容易的事。但事情还没做完，仍然处在进行过程中，大家仍在激烈地讨论这件事，有各种不同意见。尽管如此，征求意见稿的公开发布已引起社会的高度关注，让国人注意到这个领域的存在，并且意识到这个领域的重要性，这是大好事。既然如此，我想利用今天这个机会把北京大学区域与国别研究院成立以后所做的工作向大家做简短汇报，和各位专家以及与会的老师同学们进行交流，分享北大方案。

首先是北京大学区域与国别研究院成立的背景及其核心使命。随着我国飞速发展，我们对外部世界的了解与认识愈加重要，已经发展到不做不行的地步。但迄今为止我们对外部世界的了解仍十分欠缺，尚未形成客观、准确、深刻的认识，既没有足够的研究人员，也没有足够的研究成果，更缺乏充分的意识去做这件事，总体而言我国的区

---

[*] 这是作者2022年1月8日在南京大学"区域国别学的理路与目标"高峰论坛上做的主题发言，汇报北京大学区域与国别研究院成立四年以来的工作情况，和与会学者交流区域国别研究工作的具体经验，有稍许修改。

域国别研究仍处于滞后状态。

在此背景下，北京大学领导层经过充分讨论和长时期酝酿，于2018年决定成立北京大学区域与国别研究院，旨在整合校内各院系、各学科域外问题研究的老师和学者，为他们创造一个学术的平台、活动的平台和交流的平台，以推动中国区域国别研究的发展。

为什么需要这样一个平台？原因是在北大这样一个学术资源丰富的学校，涉外问题研究的人员却是分散的，分布在各院系、各学科，他们互不通气、很少来往，研究成果基本上不交流，完全达不到对世界作整体性了解研究的目的，对国家来说是很大的缺憾。我们认为，现有《研究生教育学科专业目录》上存在的任何一个学科都不能单独把区域国别研究包下来，区域国别研究是一个多学科、跨学科的领域，需要多学科、跨学科的学者通力合作，才能做好区域国别研究。北京大学有丰富的学术资源，有齐备的学科配置，推动区域国别研究缺少的是一个整合机制，需要一个平台。这样，区域与国别研究院就成立了，于2018年4月12日挂牌。成立之后，其学术力量主要来自北大各院系研究域外问题的学者及研究生、博士后，也有外国专家参与。学校给研究院布置了五项核心任务：学术研究、学术管理、人才培养、智库功能、对外交流。以下对这五项工作做详细说明：

一、学术研究

区域与国别研究院在开展学术研究方面，充分体现区域国别研究的跨学科属性，通过组织多种形式的学术活动，邀请不同学科、不同专业的学者围绕一个问题进行讨论，志在触发专门、深入、有创造意义的学术成果，向社会贡献学术思想。学术活动根据不同规模与层次，分为"天下论坛""博雅工作坊"和"新芽沙龙"。

"天下论坛"规模较大，每年举行1—2次，邀请数十位甚至上百位国内外顶尖学者就某些具有重大学术意义和现实意义的专题进行国际、国内对话与研讨。建院四年来，研究院共举办5次"天下论坛"，其中在研究院成立一周年之际，成功举办"面向21世纪的区域与国别研究：世界经验与中国范式"国际研讨会，邀请来自20多个国家近百位学者参会，既包括美国、法国、俄罗斯、日本等发达国家的学者，也包括柬埔寨、菲律宾、印尼、拉美等发展中国家的学术代表。我们的国际学术交流基于这种理念：不能只把目光聚焦于发达国家，对中国来说，也许更重要的是发展中国家，特别是中国周边的那些国家。关于大规模的国内学术活动：研究院于2020年10月举办"研以致用：高校区域与国别研究智库工作研讨会议"，会议邀请来自国家多个部委及国内17所高校的近50名领导、驻外大使和专家学者参与研讨。最近几年国家高度重视智库工作，对于高校研究人员来说，撰写智库报告并不是轻而易举的事。此次会议有助于找出高校区域国别研究"研以致用"的路径和方法，理清区域国别研究与建设新型智库之间的关系，进一步提高高校智库工作质量与水平。

"博雅工作坊"每半个月举行一次，每次邀请8—12位跨学科跨专业的学者及相关人士，围绕区域国别的重大理论与现实问题展开小规模的、深入的研讨，日益突显其跨学科对话、主题覆盖面广、与时势结合紧密的特点。受邀学者均对工作坊主题有过研究并发表过著述，尽可能来自不同学科领域，通过把不同学科背景的学者聚集到一起围绕同一个主题进行跨学科对话，希望碰撞出新的学术火花。已举办的工作坊主题覆盖亚洲、欧洲、美洲、非洲等世界主要区域，且紧密结合世界重要时势热点，从热点问题的表面现象入手，深入学术层面进行分析，而不是停留在事件表面就事论事。新冠肺炎疫情期间，区域与国别研究院联合北京大学中国卫生发展研究中心举办题为"构建人类卫生健康共同体"系列工作坊，参会人员除了公共卫生领域的专家学者，更有来自一线医疗援外的医生，以及商务部官员、外交官等，真正将"博雅工作坊"打造成跨学科、跨行业对话的学术活动。区域国别研究不仅局限于人文学科内部之间的学科交叉，而是逐步跨到理科、医学、农学等领域进行交叉。事实上，当前许多重要的问题已无法单纯依靠文科或理科的力量进行解决，尝试打破这些学科间的壁垒进行交叉融合，才能够对某一地区某一个国家的理解和认识做到深刻、全面，这也是区域国别研究有别于其他学科的核心理念所在。

此外，区域与国别研究院还定期举办"新芽沙龙"与"燕南66学者沙龙"。"新芽沙龙"以学术讲座为主，主要邀请和面向青年学者，并利用北大外国留学生的优势推进学生间的国际交流。"燕南66学者沙龙"是研究院自2021年新推出的学术活动，邀请北大校内不同院系、不同学科的青年教师自行组织，选取他们自己感兴趣的理论和现实问题进行跨学科对话。

基于上述学术活动，研究院吸引越来越多的校内外区域国别研究专家加盟，形成专家学者库，目前已有300余人。同时，研究院将学术活动相关成果以学术简报、期刊、著作的形式呈现。学术简报分为中文版和英文版，记录了每一期学术活动的基本概况与核心观点。学术出版包括学术专著与学术集刊，按照每年两本专著与两本期刊的进度稳步推进。此外，研究院积极申请国家社科基金项目，相关教师正在承担多项重大和一般课题项目。

二、学术管理

为进一步繁荣北京大学的区域国别研究，盘活校内区域国别研究分散的学术资源，按照学校安排，区域与国别研究院对全校涉及区域国别研究的非实体研究机构实施学术代管，通过成立学术管理委员会、设立学术基金、召开工作交流会等形式，鼓励和支持校内各区域国别研究机构开展学术活动与研究，充分发挥研究院的平台优势，激活校内区域国别研究分散的学术力量。

为进一步提升全校区域国别研究学术成果的产出能力，北京大学设立了区域与国别研究学术基金，委托区域与国别研究院进行管理，主要用于资助相关学者的学术研究、成果出版、田野调查、科学考察、课程教学、国内外学术交流等活动。基金设立以来受到校内师生广泛关注，每年收到来自20多个不同院系的课题申请，现阶段累计运行的基金项目共计40个，共产出著作、论文、时评类成果31个，政策报告类成果5个，学术讲座、探讨会、课程建设类成果18个，充分体现了学术基金作为种子基金的培育效果，进一步丰富了北京大学区域国别研究的学术成果。

三、人才培养

研究院成立时，学校领导就把人才培养交代为核心工作，并为此创造必要条件，比如分配招生指标等。几年来，研究院以北大深厚的学术力量为支撑，视人才培养为百年大计，招揽愿意且能够投身于区域国别研究的青年学生，努力将其培养为新型学术人才。研究院只培养博士研究生，考生可以是硕士毕业（普博生，4年毕业），也可以是本科毕业（直博生，5年毕业），无论哪种类型，"交叉"是培养的基本原则。这首先表现在生源方面学科背景的交叉性和多样性，即考生可以有不同的学习背景，来自不同学科，只要能通过区域国别研究所要求的基本知识考试，就可以录取。在课程方面强调的是知识的跨学科性，而不是以某一学科为主导，要求学生选课时至少选择4—6个不同学科的课程，不允许选择单一学科。在培养模式方面，强调学生必须有在对象国生活和学习的经历，学习期间必须赴对象国在地考察；为此，学生必须掌握研究对象国的当地语言。基于这些要求，研究院课程设置分"语言、地区、专业"三个模块，"语言模块"为学生提供研究对象国的语言学习平台，仅仅使用英语是无法开展真正的区域国别研究的。"地区模块"要求学生必须选取某一个特定国家（或地区）作为研究的对象，在学习期间以了解和学习这个国家（或地区）为目标。"专业模块"要求学生明确各自的专业方向，论文写作要有专业研究领域，符合该专业学术要求，如政治学、经济学、历史学、人类学、教育学、环境学等等，避免"万金油"。三个模块加在一起要求是非常高的，高出于现有的任何学科。除此之外还要求完成在地学习，这是计学分的，是一门课。

为落实上述培养方案，研究院从北大14个院系聘请了近60名导师组成导师库，包括外国语学院、历史学系、国际关系学院、哲学系、社会学系、环境科学与工程学院、公共卫生学院、政府管理学院、新媒体研究院、教育学院等，初步实现了人文与社会科学、文科与理工科的交叉。这些教师在本院系开设的课程都向研究院学生开放，因此在研究院学生的选课表上，有近百门课程供选择。

除培养博士研究生之外，研究院也招收博士后研究人员，已招收的博士后研究领域与对象地区都比较广泛，包括苏格兰问题、日本在东南亚、俄英关系、印度历史、中韩关系、东南亚政治与教育等多个领域。

四、智库功能

研究院的智库工作依托北京大学高层次人才集中、各学科交叉协同、创新思想集聚的优势,以基础研究为支撑,整合校内外在各学科领域的学术资源,开展理论创新、课题研究、咨政建言、公共外交等工作,向政府和社会提供决策的咨询。

为落实智库功能,研究院于2019年成立战略咨询委员会,邀请曾担任驻外大使的外交家担任委员,进一步促进区域国别研究理论与实践的结合,更好地服务于国家战略决策。同时,研究院积极将学术成果转化为智库报告,按程序向有关方面报送,迄今为止已报送数百篇。同时,也注意将学术成果用各种形式转化为面向社会大众的信息或读品,比如在"澎湃新闻"开设专栏,推出线上通讯《燕南66战略务虚》等,为不同层次的读者传递世界的各种信息。我们认为智库功能不仅是对上的,也是对下的,我们有责任把学者的思考传递给大众,让他们更加了解这个世界。

五、对外交流

研究院积极与国内外高校及研究机构开展合作,扩大国内外学术交流,延展学术网络与思想网络,吸收世界先进的文化成果,传递中国智慧和中国方案。目前已与十余所国内从事区域国别研究的、有高水平研究能力的高校及机构,以及国外有较强学术力量的学校建立合作关系，签署协议开展交流，内容包括共同组织学术活动，互派学生等。即使在新冠肺炎疫情影响时期，研究院仍坚持以线上活动的方式进行交流，努力维持国际合作。

以上是建院四年来研究院的工作简况，在今天这个会议上，我们愿与在座各位领导和学者们分享心得体会，认真学习大家的经验，和大家一起凝聚共识，继续努力，推进我国的区域国别研究实现高质量发展。谢谢！

附录 5　北京大学区域与国别研究院四年工作总结[*]

2018 年 4 月 12 日，北京大学区域与国别研究院正式成立。区域与国别研究院是北京大学开展区域国别研究的综合性学术平台，是一个集学术研究、学术管理、人才培养、智库功能、对外交流五项工作为一体的建制单位。自成立以来，研究院的总体工作思路是：以学术研究为根本，展开对域外国家和地区的全方位观察；以人才培养为纽带，输送新时代亟需的复合型人才；以智库建设为抓手，服务于国家的发展战略；以学术管理和对外交流为纽带，盘活校内区域国别研究资源，拓展国内外合作平台。四年多来，在校领导的关心和支持下，在社会科学部等校内部门的指导和帮助下，在各院系、各研究机构的协同配合下，研究院全体成员踔厉奋发，笃行不息，努力推进北京大学区域国别研究迈上新台阶，各项工作取得瞩目成就，国内外影响力显著提升。现就四年来的各项工作进行总结。

一、自我建设

作为北京大学"双一流"建设的重点内容之一，研究院自成立以

---

[*] 这是北京大学区域与国别研究院建院以后约四年半（2018.4—2022.9）工作的总结，于 2022 年 10 月成稿。

来就受到学校领导的关注与支持。在过去几年中，郝平同志一直关心研究院的发展，就区域国别学科面临的问题给予指导性意见，并对研究院提交的工作汇报作出批示，肯定研究院在推动北京大学区域国别学术研究、学科建设方面取得的成果，并就未来发展指明方向。龚旗煌同志对研究院的教学和人才培养工作多次给予明确指示。王博同志多次来到研究院进行工作调研，召集校内相关部门召开工作会议，推进研究院各项工作顺利开展，在人才培养、制度建设、资源保障等方面提供强力支持。其他校领导也经常关心研究院的工作，给予研究院极大支持。

以此为动力，研究院四年来始终坚持新体制、新思路、多学科交叉平台的定位，以打造全校范围内区域国别研究的学术平台、活动平台、交流平台为目标，进行充分的自我建设，为研究院开展各项工作奠定了坚实基础。

（一）政治思想建设

建院以来，研究院领导班子及行政团队积极贯彻落实党中央和校党委的要求和部署，始终将加强政治学习、提高自身政治素养摆在首要位置。一是强化政治理论学习，紧扣党的十九大精神，深入学习习近平新时代中国特色社会主义思想，筑牢党员干部共同思想根基。二是坚定理想信念、政治立场。紧扣全国教育大会、全国高校思想政治工作会议、学校思想政治理论课教师座谈会和哲学社会科学工作座谈会、科学家座谈会对高校的部署要求，贯彻落实习近平总书记在北大考察重要讲话精神，聚焦政治责任和职责使命，明确研究院发展目标和任务。三是加强制度建设，围绕研究院章程建立相关制度，并将纪律和规矩落实于日常工作中。四是做好意识形态工作，在学术活动举办、学术成果展示、对外宣传过程中守正创新、正本清源，严格把关、防范风险。

（二）制度建设

研究院通过完善制度建设加强人才培养、学术研究、学术活动以及院务管理工作。截至目前，在《北京大学区域与国别研究院章程》的指导下，已形成多项规定和管理办法。在人才培养方面，已形成《北京大学区域与国别研究院博士研究生学术创新成果综合评价实施细则》《北京大学区域与国别研究院博士研究生校长奖学金评审实施细则》《区域与国别博士后研究人员管理服务办法》等；在学术活动方面，已形成《北京大学区域与国别研究院学术管理功能执行办法》《北京大学区域与国别研究院学术活动工作流程》等；在院务管理方面，已形成《北京大学区域与国别研究院财务管理办法》《北京大学区域与国别研究院劳务费发放规定》《北京大学区域与国别研究院职员年度考核办法》《北京大学区域与国别研究院职员考勤及请假制度》等。

二、工作总结

（一）学术研究

1. 学术活动。开展学术研究是做好区域国别研究工作的根本之道。四年来，研究院已举办"天下论坛""博雅工作坊""新芽沙龙""燕南66学者沙龙"等近百期学术活动，其中"天下论坛"5届，"博雅工作坊"52期，"新芽沙龙"38期，"燕南66学者沙龙"11期；组织了校内外、国内外近千名学者进行学术对话，形成跨10多个学科、300多人的专家学者库。其中"博雅工作坊"是研究院学术活动的主要形式,迄今已产生一大批研究成果。每期工作坊由十余名来自不同学科、不同领域的专家参与,就某一国、某一问题进行小范围但深入的探讨,内容既包括欧洲民粹主义、美国大选、中东形势、全球疫情变化这样的热点话题,也涉及犍陀罗文化、人类学考察、俄罗斯历史、环境变迁与国家治理、公共卫生比较研究等基础理论话题。活动充分展现了区域国别研究的跨学科交叉性质,也展示了区域国别研究的学术意义和现实功用。此外,研究院还举办了"面向21世纪的区域与国别研究""高校区域与国别研究智库工作研讨""中英高等教育人文峰会"等大型国际、国内专题研讨会,与国内外学者互动交流,产生了广泛的社会影响。上述活动把中国的区域国别研究推向了国际学术界,也使北大的区域国别研究工作走到了国内同行前列,发挥了表率作用。

2. 学术出版。基于丰富的学术活动,研究院将每次活动的详细记录编辑印制成中英文版《学术简报》,向有关单位、部委和学者推送,目前已制作近200期,成为学术成果转化的重要方式。同时,正式出版了《北大区域国别研究》(共5辑)和"北京大学区域国别研究丛书",前者以基础研究为导向,发表论文并报道研究动态;后者收录高质量的学术专著,为社会开辟一块新的学术园地。截至目前,已出版和计划出版的专著有《十字路口的欧罗巴:右翼政治与欧洲的未来》《世界社会的文化多样性:中国人类学的视角》《俄罗斯国家建构的历史进程》《重新认识美国:来自当代的反思》《太平洋上的孤帆:马尼拉大帆船研究》《奥斯曼-土耳其研究:学术史的回顾与展望》《区域国别研究的理论与实践:基于北大的探索》《博望天下(第1辑)》等。

为推进北京大学区域国别学学科发展,进而带动国内区域国别研究整体水平提升，2022年6月，研究院与北京大学出版社在区域国别研究学术出版方面建立战略合作关系，共同开展区域国别学教材编写出版、区域与国别研究基金项目成果出版、区域国别研究学术成果出版等工作。同时，双方还将在协同争取外部出版资源方面加强合作，确保相关出版工作的可持续发展。

（二）学术管理

为切实推进北京大学的区域国别研究，学校将区域与国别研究院作为全校性的工作平台及主导机制。成立学术管理委员会，由北京大学不同学科、专业的专家组成，协助统筹相关学科资源，在研究合作、人才队伍建设、学术交流等方面提出建议。四年来，通过加大投入力度，进行有效的学术管理和资源整合，鼓励和支持校内各区域国别研究机构与教师开展学术活动与研究，研究院充分发挥了平台优势，履行了学术管理职能，激活了校内区域国别研究的学术力量。

1. 设立区域与国别研究学术基金。为提升全校区域国别研究学术成果的产出能力，北京大学于2020年设立区域与国别研究学术基金，委托研究院进行管理，主要用于资助学术研究、成果出版、田野调查、科学考察、课程教学、国内外学术交流等事项。研究院一方面在组织基金项目评审过程中，充分发挥学术管理委员会的专家作用和跨学科团队优势，为学术基金取得高水平成果提供坚实基础和有力保障；另一方面先后制定了《北京大学区域与国别研究学术基金管理办法》《北京大学区域与国别研究学术基金评审细则》《北京大学区域与国别研究学术基金项目结项管理办法》等文件，明确了学术基金的组织机构与职责、资助类型、资助额度、遴选标准、申请与结项程序等，保证了学术管理工作的有章可循、科学规范。基金一经推出，受到校内师生广泛关注，申请者遍布 20 多个院系和单位，其中既有人文社会学科，也有环境科学、软件与微电子学、公共卫生学等理工医农学科。截至目前，学术基金累计在运行项目共计 57 个，项目主题不仅包括文科间的交叉课题，还包括文科与医学、信息科学等领域的交叉课题，凸显学科交叉性质。30 个项目进入结项阶段且成果丰硕，共产出著作、论文、时评类成果 75 个，政策报告类成果 22 个，学术讲座、探讨会 47 个，课程建设、数据库类成果 27 个，充分体现了学术基金作为种子基金的培育效果，进一步丰富了北京大学区域国别研究的学术成果。

2. 加强校内研究机构协调。多年来，北京大学陆续设立了 60 多个与区域国别研究相关的研究中心，其中包括 5 个教育部国别和区域研究培育基地、15 个备案中心。为整合这些学术力量，有效调动教师的主动精神，学校赋予研究院学术管理的功能，通过资源吸引、学术服务、集中宣传、重点推介、沟通交流等纽带，形成了灵活开放、协调有序的机构矩阵，具备了多学科合作的能力。一是建立北京大学区域国别中心联系名录，形成了电话通讯录、邮件群、微信群等，保证与各中心多渠道、及时的信息沟通。通过定期联系机制，搭建沟通桥梁，畅通反馈渠道，建设信息共享网络，共同推动北京大学的区域国别研究。二是举办北京大学区域国别研究中心工作交流会、北京大学区域国别研究智库工作交流会，邀请各中心就北京大学区域国别研究的学科建设、智库建设、人才培养、机制建设和平台建设等方面展开交流，凝聚各中心对推进北京大学区域国别研究能力提升的共识。

2021 年 6 月，研究院联合大数据分析与应用技术国家工程实验室、国际组织研究中心，依托人文社会科学数智化研究基地建设，开展"北京大学区域国别数据库建设项目"和"北京大学国际组织数据库建设项目"。其中区域国别数据库将整合覆盖全球 100% 的国别／地区的有关数据，并在此基础上建立量化区域国别研究的培训基地和实验室，建设区域国别研究数据使用指南，开发相关课程和案例库，进行研究成果的政策转化等，引领区域国别研究范式转变和更好地服务国家战略。基于数据库的建设，拟构建"Global Mind 全球实时开放数据智能服务平台"，赋能社会科学量化研究。国际组织数据库通过对联合国系统、政府间新型组织及重点的半官方组织和民间组织的基本信息、评估类信息，以及研究挖掘数据的整理形成数据基础，并在原创数据的基础上形成有国际影响力的研究成果及智库报告，建成功能强大的数据库，成为由中国提供的重要国际公共产品。

（三）人才培养

1. 研究生培养。区域与国别研究院是北京大学开展区域国别研究方面人才培养的主要单位。建院之初，研究院就明确了要培养什么样人才的目标，即首先是通才，要对研究对象国家或地区有全面的了解，同时也是专才，要对某个领域或问题有精深的研究，同时必须能够熟练运用对象国语言进行相关研究。针对这一目标，研究院通过设置个性化、跨学科的课程体系，建立"地区学习（对象国的相关知识）＋语言学习（对象国的当地语言）＋学科学习（就对象国的某一问题做专业研究）"的三模块学习方案，实行课堂学习与对象国实地研究相结合的学习方法，以期在短期内培养出有国际交往能力、潜心于学术研究、能够服务国家发展需要的新型复合型人才。四年来，研究院已通过推荐免试（直博生，学制 5 年）和"申请-审核"（普博生，学制 4 年）方式招收"中东研究""俄罗斯-中亚研究""东南亚与南太平洋地区国家研究""南亚研究"四个方向的 34 名博士研究生，未来，还将根据国家需要对招生研究方向进行调整和增设。在导师配置上，研究院充分调动北京大学校内广布的区域国别研究力量组建跨学科导师团队，涵盖了来自历史学系、外国语学院、国际关系学院、政府管理学院、新媒体研究院、教育学院、经济学院、社会学系、人口研究所、法学院、哲学系、建筑与景观设计学院、信息管理系、环境科学与工程学院、公共卫生学院等 17 所院系的 55 位博士生导师，为新型课程体系的落实提供导师层面的有力支撑。研究院计划对学生采用"外语导师＋地区导师＋专业导师"的导师组指导形式，协助学生撰写出符合区域国别研究要求的学位论文。在课程设置方面，研究院为不同背景和基础的学生提供了个性化选择，结合区域国别研究跨学科、注重田野调查与一手资料搜集等特点，将校内现有相关课程与新设课程相结合，建立了一个有 137 门课程的课程库，其内容涉及历史学、政治学、社会学、教育学、文学、哲学、经济学、管理学、法学、国际关系学、环境科学、公共卫生学、考古学等多个学科领域，学生可以在课程库内自主进行选择，最终确定自己的学习方向。同时，区域与国别研究院要求直博生所修课程必须涉及至少 6 个开课院系，普博生涉及至少 4 个开课院系。

为更好地帮助学生开展田野调查，前往对象国与地区开展研究，研究院依托北京大学对外合作平台，成功申请国家留基委"国别和区域研究人才支持计划"。作为获批单位，研究院可连续 3 年推荐 10 人/年前往俄罗斯、以色列、德国的 4 所国际知名高校进行为期半年或一年的学术交流。此外，研究院大力支持学生通过个人渠道申请该项目前往其他研究区域或国家。目前该项目已顺利执行 2 年，共 14 位学生获批前往俄罗斯、以色列、德国、哈萨克斯坦与土耳其交换,其中包括研究院学生12人。

在日常教学过程中,研究院意识到未来的区域国别研究人才必须具备学术研究和应用转化能力,高度重视"双能"人才培养。为此,研究院为本院博士生开设《区域与国别研究的基本理论与方法》《跨文化交流》《研究生论文写作指导》《区域与国别研究前沿专题》《量化区域国别研究:理论与方法》等课程,面向全校开放,同时培养学生的学术研究能力和应用转化能力。创建了"燕南66"优创团队,汇集国内外140余名区域与国别研究青年人才,进行社会学术型文章的写作与培训。定期举办"燕南66"优创作品品鉴会,邀请专业学者、青年创作者指导与分享社会性学术写作经验,北京大学区域国别研究的社会影响力得到持续提升。

为进一步拓宽学生研究视野,加强学术交流,研究院连续2年发起并筹办北京大学"博望天下"区域与国别研究博士生论坛,分别以"博望天下:跨学科视角下的区域与国别研究""青年和区域与国别研究:新视角、新理论、新路径"为主题。论坛议题覆盖区域涉及欧亚、中东、东南亚和非洲等36个国家及地区,参会者来自全国高校,为从事相关区域、学科研究的青年学者搭建了相互学习、相互促进的高质量平台。

截至目前,研究院招收的四届34名博士研究生中,4人曾获校长奖学金、1人曾获国家奖学金、1人曾获北京大学一等奖学金、7人曾获各类冠名奖学金,并有12人曾获三好学生、学习优秀奖、学术创新奖、优秀科研奖等各项奖励。同时,各班集体内关系融洽、活动丰富,2019级区域国别班曾获"北京大学示范班集体"荣誉,2020级区域国别班曾获"北京大学先进班集体"荣誉。

2. 博士后培养。区域与国别研究院自 2018 年底开始公开招聘引进优秀博士后研究人员，经研讨成立了博士后研究人员管理小组，明确了博士后研究人员选拔审核流程，设立了博士后研究人员管理办法，并每年组织 2 次博士后在站工作成果汇报会议。目前研究院已成功引进优秀博士后人才 11 人，含北京大学博雅博士后 6 人；现在站博士后 7 人。博士后研究课题均和区域国别研究高度相关，研究对象国与地区涉及英国、日本、东南亚、俄罗斯、印度、韩国等，专业领域涵盖历史学、国际政治、外国语言文学、人类学、教育学等。

自 2021 年起，研究院启动招聘与恒源祥（集团）有限公司的联合培养博士后，不断探索引进区域国别研究领域的优秀博士后人才的新方式。

3. 建设新学科。过去很长一段时期，我国学科体系中没有适合于区域国别研究的独立学科，而现有目录中的各学科，都无法独力承担区域国别研究的人才培养及学术研究任务，不能满足区域国别研究跨学科的培养要求。为改变这一现状，提升北京大学在国内区域国别学学科建设方面的话语权，2021 年 3 月，由北京大学区域与国别研究院牵头，联合国内 123 所高校正式向教育部和国务院学位委员会提交"区域国别学"一级学科申报。经过一年多的论证、调研、答辩等工作，2022 年 9 月，经过调整的《研究生教育学科专业目录（2022 年）》，将"区域国别学"正式列入交叉学科门类下的一级学科。区域国别学的设立，意味着我国区域国别研究已进入可持续发展的新阶段。

为进一步提升北京大学学科交叉能力，推动学科创新带来新的发展机遇，2022 年 3 月，研究院与国际关系学院就"国家安全学"和"区域国别学"学科协同发展进行商讨。双方认为，应发挥各自学科优势，加强学术研究、人才培养、智库建设等方面的协同合作，拟通过搭建共同学术研究平台、开展联合人才培养、推动合作共进项目等措施,共同推动北京大学"双一流"建设迈上更高的台阶。

(四)智库工作

1. **政策研究咨询**。研究院在进行学术研究的同时,密切关注当代世界的重大问题和热点事件,通过进行多学科、全景式的分析解读,为国家重大战略决策和中长期战略规划提供智力支持,发出"北大声音"。四年来共发送《战略务虚》220期,向相关部委提交政策报告300余篇,获得中央领导批示数十次,部分报告获得国家最高领导人的批示,在上报率、采用率、批示率等方面均名列前茅。研究院多次收到民进中央、中共中央宣传部、财政部等部门关于咨政工作的来函感谢,已成为北京大学服务国家战略需要的重要平台。钱乘旦教授发表的《关于亚洲文明的历史哲学思考》获得中央政治局批示,经由全国哲学社会科学工作办公室批准,"亚洲文明研究专题"重大委托项目作为2021年度国家社科基金中国历史研究院重大研究专项进行立项。"亚洲文明特质以及人类文明多样性研究"课题被立为2021年度马克思主义理论研究和建设工程重大项目和国家社科基金重大项目。翟崑教授主持的"印太战略下'东盟中心地位'重构与中国-东盟共建'海上丝绸之路'研究"作为2020年国家社科基金重大项目立项;"数字人文-全球智库研究动态跟踪与研判"项目作为北京大学学科建设项目于2022年立项。昝涛教授承担并参与多项国社科基金重大研究专项课题,开展"全球史视野下的土耳其革命与变革""土耳其世俗主义的意识形态特征研究""土耳其的历史文化遗产及对当代世界政治的影响"等相关课题研究;受中共中央宣传部、统战部等部门委托,开展突厥语国家语言文字和民族问题研究。研究院相关研究人员还被遴选为国家"一带一路"十四五规划专家组成员。此外，受外交部边海司委托，研究"推进澜湄水资源合作下步工作思路"立项，受发改委国际司委托，研究"全球经济形势跟踪研究和分析"立项。

2. 公共知识产品。公共知识产品是研究院在智库工作方面的创新举措，也是向社会普及具有通识教育价值和国民素质价值的区域国别研究成果的重要途径。为此，研究院在"澎湃新闻"平台开设北大区域与国别研究院政务号，开办北京大学区域与国别研究院《再看世界》电子刊。围绕国际重大问题、热点事件等发表分析和评论文章，推进社会型和应用型研究工作。这些文章务实而"接地气"，将学理分析和政策建议相结合。疫情暴发以来，《再看世界》创设了"留学生看抗疫""海外疫情观察""世界城市抗疫经济""治愈全球化""疫情背景下的中国与周边关系"等专题，组织国内外青年学者，围绕全球抗疫问题，撰写系列观察文章。截至2022年9月，《再看世界》共发表文章780篇，阅读量超过1亿，此专栏已产生广泛的社会影响，长期在澎湃政务影响力排名榜中名列前茅，连续两年荣获澎湃最佳政务传播"大学和智库奖"，在社会上形成一股独特、专业、客观的区域国别研究浪潮。目前，《再看世界》已发展成为提供高质量区域国别研究的全国性社会型学术平台，基于该专栏，研究院于2022年与世界知识出版社进行合作，挑选专栏优秀文章集结成册，出版《博望天下（第1辑）》。

（五）对外交流

1. 国际合作。加强国际交流是推进区域国别研究的重要外部支撑。建院以来，研究院依托北京大学丰富的国际交流资源，与普林斯顿大学、牛津大学、柏林自由大学、爱丁堡大学、巴黎东方语言文化学院、鲁汶大学、特拉维夫大学、东京大学等世界知名高校保持密切联系。

2020年6月15日，北京大学与德国柏林自由大学就区域国别研究领域的合作举行线上签约仪式。北京大学副校长王博与柏林自由大学副校长Verena Blechinger-Talcott分别代表两校签署协议。协议明确了关于共同推进双方开展研究生的交换学习和教师及研究人员的学术交流等事宜。

2021年6月7日，北京大学与德国柏林自由大学、图宾根大学签署了区域国别研究领域的三方合作协议。该协议的签署进一步推动三方在区域国别研究领域的合作与发展，有利于培养中德两国在该领域的研究人才，共同为区域国别研究领域的发展作出贡献。

在合作协议基础上，研究院与以上两所德国高校达成共识，共同举办了六期线上学术系列讲座。2021年10月29日，首场讲座以"全球权力转移下的中国与欧盟"为主题，通过线上线下相结合的方式举办。六场学术讲座于2022年5月圆满结束。系列活动共邀请到两国20余位区域国别领域的专家学者发表主旨演讲，吸引了近千名各国听众。三方联盟的共建网站*已搭建完毕，挂靠在研究院英文官方网站，用以展示活动中取得的学术成果。目前，三方联盟正在筹备第二轮合作，举办"青年学者工作坊"。该活动将邀请三所高校的博士生和博士后参加并发表演讲。

为进一步践行习近平主席提出的"和合共生"，构建人类命运共同体的当代国际关系发展理念，2020年12月4日，研究院与国际合作部配合国际儒学联合会举办中日和合文明论坛视频会议。会议围绕中日

---

* https://ias.pku.edu.cn/en/TripleAlliance/MissionStatement/index.htm

友好与文明互鉴、共建亚洲共同体——推动人类共同体建设的主题，邀请中日双方社会文化界代表进行对话交流。此次论坛得到了中日两国舆论的高度关注，会议的成功举办为两国在疫情背景下深入推进人文交流发挥了积极作用。

2. 国内合作。研究院通过学术活动、机构合作、课题委托等多种形式拓展在国内的学术合作网络。与国内其他高校类似的区域国别研究机构建立合作，在学科建设、人才培养、学术研究等方面做到互通有无，取长补短。目前研究院已经与东北师范大学东亚研究院、上海外国语大学全球治理与区域与国别研究院、北京外国语大学区域与全球治理高等研究院、浙江师范大学非洲研究院、首都师范大学文明区划研究中心、华南师范大学东南亚研究中心等数十家单位签署《学术交流合作框架协议》，为建设有中国特色的区域国别研究共同努力。

为进一步加强学术研究、智库服务与人才培养相结合，研究院积极推动与参与校企交流与合作。2020年9月，在校基金会的支持下，研究院与北京擘雅文化集团有限公司达成战略合作，双方基于对全球文化研究的共同关注，以区域国别文化研究为载体，围绕"文明互鉴"与"文化战略"，开展国家文化研究、国际文化交流等多方面合作，并共同募资设立"北京大学区域与国别研究院擘雅全球文化基金"，用于研究院开展人才培养、学术研究、活动交流、行政办公等工作。

2022年4月，在北京大学与中国石油天然气集团有限公司战略合作框架下，区域与国别研究院与中国石油集团国际部、经济技术研究院（国家高端智库）就"战略、智库与国别跟踪研究"展开多次研讨，基于双方优势及需求，设立"能源战略与区域发展研究"项目，以委托课题与研讨的方式推动产学研合作，形成"6（立项6个研究课题）+1（每年举办1次大中型论坛）+4（每季度举行1次小型研讨）"的产学研合作方案，将区域国别研究与中国石油集团高质量发展相结合，实现学以致用、用以强学的共赢发展模式。

三、发展亮点

北京大学作为中国第一所国立综合性大学，一直有着悠久的区域国别研究传统。自2011年教育部启动国别和区域研究专项以来，北京大学基于学术研究、人才培养、智库建设"三位一体"的发展模式，大力推动校内区域与国别研究。近年来，北京大学将区域国别研究作为"双一流"建设的重中之重纳入学校发展方案，以成立区域与国别研究院为契机，推出一系列重大举措，区域国别研究在成为北大学科发展的新亮点的同时，也在诸多领域填补国内空白，为发展具有中国特色的区域国别研究做出了积极贡献。

一是着眼国家之需，在"区域国别学"学科建设工作中发挥领军作用。北京大学在推动交叉学科发展方面一直走在国内前端。成立于2006年的前沿交叉学科研究院在全国高等院校中率先进行学科交叉发展的实践。区域与国别研究院成立后，学校着眼于国家急需区域国别研究人才的现实，聚焦跨学科复合型人才培养受制于缺少独立学科的痛点，积极推进"区域国别学"国家一级学科的申报工作。研究院广泛征求校内相关院系意见，结合人才培养工作实际，多次向学校、教育部、民进中央等部门提交推动建立区域国别学学科的建议；举办区域国别研究学科建设会议，邀请国内专家学者就设立区域国别学的可行性、必要性及学科建设框架进行讨论；组织研究院力量撰写新增区域国别学国家一级学科论证报告。受教育部主管司局委托，研究院牵头国内高校成立专家工作小组，就新增区域国别学一级学科开展多次论证，并对国内120余所高校科研机构进行问卷调研工作，就设立区域国别学征求意见与建议，并将结果上报教育部。可以说，从筹备申报学科之初，到最终区域国别学一级学科正式设立，北京大学始终想国家之所想，急国家之所急，应国家之所需，发挥重要作用，已成为全国区域国别学学科建设工作的标杆与旗帜。

二是勇于创新，为进一步完善国内跨学科人才培养模式夯实基础。区域与国别研究院成立后，通过设置个性化、跨学科的课程体系，创新建立"地区学习＋语言学习＋学科学习"的三模块学习方案，实行课堂学习与对象国实地研究相结合的学习方法。新的人才培养体系使区域国别研究的人才培养实现从"小交叉"到"大交叉"的跨越，是"学科＋区域国别研究"从平面结合到立体整合的提升。该体系有助于解决以下问题：（1）进一步整合分散在传统一级学科中的外国问题研究／区域国别研究力量，集中学科优势培养出国家需要的复合型人才；（2）进一步拓宽前沿学科领域，为实现人文社科与理工医农领域的"大交叉"搭建桥梁，提供参考路径；（3）打破传统学科间的壁垒，推动我国区域国别研究独立学科与教学体系的建立，为新文科建设提供重要支撑。

经过四年的探索，研究院以人才培养工作实践经验为核心申报的"区域国别研究交叉型人才培养创新模式建设"成果已获2021年北京大学教学成果奖一等奖，并被推荐申请北京市高等教育教学成果奖，充分证明了这一培养模式的可行性与前沿性。

四、未来期待

　　区域与国别研究院成立四年多来，在人事、经费、办公保障等方面得到了校领导和各院系部门的支持与帮助，但同时也面临着一些制约发展的问题。为进一步提升研究院学科交叉建设的能力，在以下几个方面急需得到更多支持与保障。一是完善机构建设，将研究院发展成独立实体机构，配备专职教学科研编制。在区域国别学已正式成为一级学科的大局之下，这关系到北大在此领域的领头地位。二是加快建立教师双聘/兼聘制度，以利于调动全校力量，统筹解决区域国别研究师资力量共享的问题，保证研究生课程学习与论文写作的顺利进行。三是加强经费支撑，进一步加大对区域与国别研究的支持，尤其是加大对人才培养的支持，特别是对赴对象国学习的支持。四是完善区域与国别研究院建制建设，改变院领导班子全部为兼职的情况，设立行政副院长和专职办公室主任职位，并给予相应行政级别，以确保研究院各项工作更加高效运行。五是在区域与国别研究院设立研究员序列岗位，建立区域与国别研究院聘请兼职研究员的制度并给予相关政策保证（如工作量或劳务津贴），以壮大研究力量，提升研究院的研究能力和水平。六是给予区域与国别研究院更大办公空间用作多项学术、智库与学生活动场所，为学生培养和学术活动提供空间保障，同时为申报国家级示范基地提供必需的硬性条件。

　　当前，世界正经历百年未有之大变局，中国不断加快全方位对外开放的前进步伐，并日益走近全球治理的舞台中央。在这个背景下，促进学科交叉发展，推动区域国别研究，服务于国家战略，是我国正面临、并必须履行的时代使命。四年来，带着强烈的使命感和责任感，北京大学区域与国别研究院克服困难、突破障碍，在推动北京大学乃至中国的区域国别研究发展中做出了自己的努力,发出了北大声音,引领了国内学术界的发展和繁荣。未来,区域与国别研究院将继续坚定前行,秉持初心,勇扛使命与担当,为建设具有中国特色的区域国别研究做出更多贡献。

附录6　以"破茧"之力打开区域国别与涉外法治研究新空间[*]

百年未有之大变局下,党和国家对区域国别研究和涉外法治研究提出新要求,这两个颇有相关性的研究方向,一时间成为学界热议的"显学"。按照学科化专业化的传统发展思路,目前学界正分头推动二者的学科专业体系建设,围绕专业属性、基础理论、学科框架、研究方法等问题展开丰富讨论。应该说,这些讨论对于学科发展意义重大,为相关问题研究和专业人才培养打下重要基础。

但从实际研究成效来看,我们目前的区域国别研究和涉外法治研究,还远远不能匹配党和国家的战略要求。新时代日益增长的"走出去""引进来""促发展""防风险"的现实需要和不平衡不充分的知识生产之间的矛盾,在这两个研究领域尤为突出。我从事的研究方向恰好涉及这两个领域,基于近年来与政策实务界、产业界、学界的调研交流,在此抛砖引玉,恳与方家探讨。

---

[*] 本文为中国社会科学院美国研究所副研究员张佳俊于 2024 年 7 月 12 日在北京大学第五届"法意"暑期学校"殖民帝国史视野下的区域国别研究与涉外法治"圆桌讨论中的发言,因其专题讨论区域国别学与法学的相互对接问题,经作者同意,转录于此,并对张佳俊先生对本书的支持表示敬谢。

一、区域国别研究与涉外法治研究需要形成务实管用的知识体系，但不必拘泥于学术建制化"套路"，应始终以解决问题为核心。

区域国别研究和涉外法治研究都是从已经高度建制化的学科——国际关系学、国际政治学、法学中新生出来的。学界前辈们辛勤创立的学科体系和研究体系，我们要继承和发扬，在原有专业体系内，也可以做一定程度的区域国别研究和涉外法治研究。但今天党和国家之所以高度重视这两个研究领域，之所以直接从政策上支持单独新设"区域国别学"一级学科和"涉外法治"二级学科，就是因为原有体系和研究已经无法满足新的发展需要。这从一开始就决定了两个领域的特点是勇闯新兴研究的"空白区""急难区""险重区"，而不是固守既有研究的"舒适区""依赖区""灌水区"。因此，在区域国别研究与涉外法治研究领域，可以少一些学术建制派，多一些学术革新派；可以少一些循规蹈矩式的路径依赖，多一些打破条框束缚的理论自觉。

事实上，无论是区域国别研究还是涉外法治研究，都是高度综合的跨学科领域，都具有很强的现实应用性，不是研究出来孤芳自赏的，也不是用来增加学术引用的，而是要实实在在解决问题的。今天中国的全球"朋友圈"越来越大，海外利益规模大、分布广，与各国打交道时，经常会碰到制度、产业、技术、文化、历史等多种层面的实际问题，这些都是区域国别研究需要一一回应并思考解决的真问题。而在涉外法治领域，近年来更是风险频发，美国等有关国家经常在法律上做文章，对我们出其不意、攻其不备。面对实践中产生的涉外法治难题，我们既有的规范法学研究显然很不适应，也没有能力给出有效的解决方案，这里面有许多需要转换研究思路、重新通盘思考的难点和痛点。

下一步，从推动区域国别研究和涉外法治研究进一步做深做实的角度考虑，宜在确立研究目标和总体思路的基础上，牢牢树立以解决问题为核心的研究导向，支持研究者聚焦真问题做调查搞研究，从扎实研究中寻找问题解法，适度提炼理论，形成务实管用的知识体系，而不是先在理论上虚耗、再用理论去套实践，更不宜把主要精力放在学科建设"范式化""跑马圈地""定江湖规矩"等"套路"上。这是为两个新兴研究领域留足空间、打开新天的必要前提。

二、从区域国别研究视角看，涉外法治研究不能只有"好学生思维"，要突破规范主义"研究茧房"。

区域国别学某种程度来说就是国情学，其研究必须基于对一国国情或相关问题的全面掌握，最忌选择性、片面性、偏好性。从区域国别研究的视角来看涉外法治，一个重要的启发是突破现有法律思维中的规范视角、精英视角、国家法视角来重新认识所谓的涉外法治，重新扩展涉外法治的内涵和外延，进而改进现有的法律理论、制度及对策研究。近年来，我们在涉外法治领域的制度建设和规范研究都大大提速了，我们的法学科班教育也及时启动了涉外法治人才培养，这无疑是重要进步。但我们的研究和培养工作也不可避免地受到法律中心主义的思维影响，对涉外法治的理解以及由此做出来的制度设计和问题解决方案，往往习惯性地偏向于规范视角、精英视角、国家法视角等。这些都是"好学生思维"，当然也没什么错。但如果仅仅拘泥于这些视角，从这些视角看"法"，就很容易把"法"窄化地解为"律"，而看不到或忽视了规范法律制度背后更大、更广、更复杂的那个

"法"。正如区域国别研究高度复杂，涉外法治也是一个相当复杂的领域，面临不同层次、类型和性质的实际问题。从问题导向出发，我们对涉外法治的理解，需要更多的法律多元主义乃至超越法治主义的视角，尤其要看到法律规则背后的逻辑。

大致来说，我们研究涉外法治问题时，至少有两类外部对象：一类是所谓的法治发达国家，如欧美国家；一类是在法律中心主义的眼光里法治发展水平较低的如非洲、中东、东南亚、拉美等区域国家。就前一类来说，这些年美国利用其基于霸权而建构的全球法秩序，对我们国家频频发难，我们吃了很多亏，这是我们一开始推动涉外法治研究的直接原因。一些有识之士指出，我们的涉外法律体系缺失、制度建设落后、涉外法律人才不足、涉外法治研究不足等，导致我们处于被动挨打的境地。这是有道理的，但还有一点不容忽视：实际上，这些所谓法治发达的国家在运用法律时，是非常功利和现实的，法律并非其所标榜的公平正义，而是其实现利益目标的伪装术和工具箱。对这些国家来说，只要能够实现目的，非法行动也可以被合法化——"法是什么"往往由他们说了算。所以当我们好不容易研究明白这些发达国家的法律制度，一心想与他们的制度接轨、用他们标榜的法律逻辑去交涉时，他们完全可能又换一套说辞或戏法。纵观殖民帝国史与国际法史，无论是近代殖民列强还是现代霸权国家，都对法律奉行"合则用，不合则弃"的原则，今天依然如此。在这种情况下，我们怎么办，是不是应该主动转换思路？就后一类来说，对非洲、中东、东南亚、拉美等区域，如果从法律中心主义的规范法学视角看，有不少国家会被归入法律制度不健全或法律落后之列。这些国家也有一些规范的法律制度，但有时候不一定管用，真正起作用的是这些国家内部的政治经济规则，还有很多地方性的、非正式的规则，例如不成文的办法、习俗、行规、民约乃至潜在规则等。怎么看待这些规则？从广义来说，这些规则虽不"规范"，但实际上在当地发挥着"法"的作用。如果我们单单研究这些国家的正式法律规则体系，而对正式体系之外的各种"法"视而不见，那就很可能"踩雷"或"掉坑"，也就解决不了实践中的纠纷问题。一位从事海外业务的同志告诉我：在非洲、中东、东南亚拓展海外业务时，需要解决很多非制度化的问题。有时候对方不是用"正经的"法律规则来打交道，或者他们的法律规则有特定的背景和适用条件。如果不熟悉或摸不透他们的真实"玩法"，就干不成事——近年来一些"出海"企业在国外投资受挫，多多少少都是吃了暗亏。总的来说，以上两大类国家的法治状态不大一样，但有一点相似，那就是很多时候都"不按套路出牌"——和他们讲理，他们就讲法；和他们讲法，他们摊牌不认法。

所以从"法"的层面与他们打交道，不能只有"好学生思维"，而必须从两方面同时下功夫：一方面，认真研究、全面梳理国际上以及相关国家的法律制度，在此基础上建立和完善我们自己的、正式的涉外法律制度体系和应对机制。这方面我们本身就有短板和欠缺，确实需要补足和完善。另一方面，正视并加强对国际上以及相关国家中存在的超法律因素、非正式制度、地方性规则等方面的研究。对这些因素、制度、规则，不宜抱着法律精英主义或规范主义的"洁癖"，对它们简单地打上非规范、非法治的标签而不予理睬，而要认真剖析它们存在的背景、原因和作用机制，结合实际拿出灵活有效的涉外问题解决方案——不一定是纯粹的法律方案，而是包含法律在内的综合解决方案。同时做好这两方面的研究工作，我们才能发展出更加自主、有效且不乏包容性的涉外法治体系乃至新的国际规则和标准。在这个意义上构建的涉外法治自主知识体系，才更管用。

三、从涉外法治研究视角看，区域国别研究不必搞"花架子"，关键是摸得透理、找得到人、办得成事。

从涉外法治研究的视角来看区域国别研究，我们的区域国别研究可以像法律对策研究那样，注重以小见大、层层分析，见招拆招地解决中长期问题和当期实际问题，进而形成与实践相契合的理论；而不是像法学规范研究那样，搞叠床架屋、专业壁垒、大而化之的体系建设——这么做可能作茧自缚、画地为牢，徒增无用之学。事实上，要做好真正的区域国别研究，不必搞花架子，无非是做到三件事——摸得透理、找得到人、办得成事。换句话说，就是把对象国、对象区域、对象问题研究明白，同时在深入当地研究的过程中，与对象国有关人士或当地人建立长期联系，在关键时刻可以对接到人，在关键事上可以拿出对策，最终服务于解决问题。此外，从问题研究的角度来说，区域国别研究也要突出重点、有的放矢。当前及今后一个时期，地缘政治经济风险频发，全球化成本不断抬升，许多跨国、跨行业、跨领域问题交叠出现，世人习以为常的一些因素都显现出"关键性"，例如关键产业（技术）、关键矿产、关键基础物资、关键基础设施、关键规则、关键主体（国家或国际组织等）等。我们开展区域国别研究，可以从这些重点问题切入，穿针引线、以点带面，形成通盘思考和针对性方案。当然，要做到以上这些，对研究者来说充满挑战性，但这正是我们需要努力的方向。

与涉外法治研究一样，区域国别研究同样也不能局限于规范化、精英化、制度中心主义的视角，还得把思维和视野放宽一些。举个例子来说，过去我们国家的对外行动往往是和其他国家的中央政府或高层精英联系较多，我们的一些企业也往往看重这种上层精英路线，而对所在国内部的政治经济关系缺乏梳理，对其地方政府、社区社群的特点、秩序、习俗等缺乏必要摸底和对接，结果有些事情就坏在"最后一公里"上。我们观察美国过去半个多世纪以来推动区域国别相关研究及行动的策略，可以发现，美国既走精英路线，也走中层路线，还延伸到底层逻辑，逐渐形成一种政府机构、跨国企业、智库、非政府组织、当地代理人等默契配合的模式。日本也是如此，其长期深耕东南亚各国，从上到下做全方位、渗透式的本地化经营，想必其对东南亚的区域国别研究也是在应对具体问题、服务实际需要的过程中发展起来的。

总的来说，区域国别研究与涉外法治研究都需要摆脱某种思维定式或避免陷入"研究茧房"，以解决问题为核心，有针对性地开展跨学科研究和田野调查研究。这样做出来的学问，才可能匹配中国走向全球的战略步伐和现实需求。

后 记

本书收录的，是我在2018—2025年间就区域国别研究和区域国别学所写的文章和所做的演讲，表达我对这个领域及新学科的思考。这些思考虽不能说已构成理论雏形，但确实从多个角度进行讨论，提出了相对成熟的看法。区域国别学于2022年成为一级学科，在中国学术界是一件大事；但作为新学科，白手起家，平地筑屋，又使学术界措手不及，引申出各种不同的理解和做法，呈现柳絮纷飞的局面。对新学科而言，这虽是义理之中，但摸索时间过长却也对学科发展不利，而统一思想、调整步伐则是必须的。希望本书能在这方面起一些作用，至少引发学界思索。

本书还对新学科的萌生、形成及定位的过程做了一些记录，也许日后可对学术史的梳理有所助益。

本书出版得到各方面帮助，责任编辑李学宜和特邀编辑张安琪做了许多工作。北京大学区域与国别研究院几位助理在书中收录的各篇文稿或演讲成形的过程中提供过许多帮助，在此特表谢意。本书出版得到北京大学区域与国别研究院所获国家学科建设经费的资助，谨此致谢。北京大学出版社为本书出版提供优越条件，一并感谢！

2025年3月10日，于北京